人类史5000年

决定人类历史的1000年

公元元年—公元1000年

〔日〕出口治明 著
贺璐婷 译

人民文学出版社
PEOPLE'S LITERATURE PUBLISHING HOUSE

著作权合同登记号　图字 01 - 2024 - 3320

Original Japanese title：JINRUI 5000 NENSHI II
Copyright © 2018 by DEGUCHI HARUAKI
Original Japanese edition published by ChikumaShobo Publishing Co., Ltd.
Simplified Chinese translation rights arranged with ChikumaShobo Publishing Co., Ltd.through The English Agency (Japan) Ltd. and Eric Yang Agency.

图书在版编目(CIP)数据

决定人类历史的 1000 年 ： 公元元年—公元 1000 年 ／
（日）出口治明著 ； 贺璐婷译. -- 北京 ： 人民文学出版
社，2025. -- （人类史 5000 年）. -- ISBN 978-7-02
-019017-1

Ⅰ．K109

中国国家版本馆 CIP 数据核字第 2025WA9828 号

责任编辑　朱卫净　吕昱雯
装帧设计　李苗苗

出版发行　人民文学出版社
社　　址　北京市朝内大街 166 号
邮政编码　100705

印　　刷　山东新华印务有限公司
经　　销　全国新华书店等

字　　数　132 千字
开　　本　635 毫米×965 毫米　1/16
印　　张　14
版　　次　2025 年 1 月北京第 1 版
印　　次　2025 年 1 月第 1 次印刷

书　　号　978-7-02-019017-1
定　　价　59.00 元

如有印装质量问题，请与本社图书销售中心调换。电话：010 - 65233595

前 言

2018年1月,我就任了位于别府市的立命馆亚洲太平洋大学(APU)的校长。APU是日本境内首个面向国际公开招募校长的大学。被推举当选,这对我来说真是受宠若惊。走马上任,工作极其繁忙,说实话,我对这本书的写作没有信心,多亏筑摩书房的羽田雅美女士的热情鼓励,才终于完成。和上一本一样,校对依旧拜托了矢彦孝彦先生。羽田女士、矢彦先生,真的非常感谢你们。

我会努力在2019年推出下一本,请大家多多关照,期待能收到大家毫无保留的意见和指正。

邮箱:hal.deguchi.d@gmail.com

出口治明
2018年11月

目录

第六章　第四个千年前半期的世界　001
（公元1年—公元500年）

拿撒勒人耶稣　003
大乘佛教的诞生　006
王莽之新　009
东汉的建立　012
班超父子对西域的掌控　014
东汉时期科学的发展　016
印度新帝国贵霜王朝　017
人类最幸福的时代　021
《新约圣经》的完成和斯多葛派　025
东汉的衰退　032
三国时代　036
从魏到晋　038
混乱的罗马帝国和萨珊王朝的建立　045

三世纪危机	048
罗马帝国的变质	051
晋的南迁	053
罗马帝国的东迁及基督教的扩张	057
笈多王朝的兴盛	063
诸部族的入侵及罗马的东西分裂	067
东亚的政治动荡和文化繁荣	072
朝鲜半岛三国时代的开始	075
北魏统一华北	078
国家佛教的兴盛	082
诸部族定居西欧	086
西罗马帝国的灭亡是怎么一回事？	091

第七章　第四个千年后半期的世界　095
（公元501年—公元1000年）

北魏的分裂	098
中国走向统一	101
法兰克王国的分裂和再统一	107
查士丁尼一世和霍斯劳一世	110
隋文帝和隋炀帝	115
长安之春（贞观之治）	122
密教的诞生和印度佛教的衰退	130

先知穆罕默德	133
伊斯兰世界的扩张	137
倭马亚王朝的建立	140
中国唯一的女帝	145
什么是"武韦之祸"	150
日本的诞生	152
开元之治和圣像破坏运动	162
阿拔斯革命和安史之乱	168
罗马教皇的独立	173
巴格达的繁荣和信息革命	178
马穆鲁克登场	182
唐朝的衰落	186
税制改革及唐朝的中兴	190
唐朝的宗教大镇压和印度三王朝	193
从唐朝的灭亡到五代十国	196
契丹建国和朝鲜半岛的再统一	198
后周英主世宗即位	200
宋朝建立	202
东罗马帝国复兴	207
科尔多瓦的繁荣	210
奥托一世加冕为罗马皇帝	212
公元1000年的世界的国内生产总值	216

《有故事的地表霉斑：公元前的人类史》目录

第一章　文字出现之前的世界

第二章　第一个千年的世界

（公元前3000年—公元前2001年）

第三章　第二个千年的世界

（公元前2000年—公元前1001年）

第四章　第三个千年前半期的世界

（公元前1000年—公元前501年）

第五章　第三个千年后半期的世界

（公元前500年—公元前1年）

第六章

第四个千年前半期的世界

（公元1年—公元500年）

在第四个千年前半期的世界，从2世纪末起，地球开始变冷，随之而来的是各部族的迁徙，并进而导致了东西两大帝国汉（东汉）和罗马的衰亡。东汉在3世纪初灭亡，罗马也迎来了混乱时期，世界进入了分裂的时代。而另一边，在受寒冷化影响较小的南方，印度、波斯等地，新的大帝国（贵霜王朝、笈多王朝、萨珊王朝）诞生了。

进入4世纪以后，以北方游牧民的迁徙为契机，整个欧亚大陆发生了更大规模的民族大迁徙（中国发生了政权南渡，罗马则发生了通常所说的"日耳曼人大迁徙"）。中国的政权南渡，将华北地区让给了游牧民族。南北朝时期就这样开始了。百越人（居住在中国南方至越南北部一带的众多越族人的统称）和山越人（百越人的后裔）被挤到了东南亚。罗马帝国将西边的领土拱手相让，逃到相对富饶的东部，挨过了民族大迁徙的惊涛骇浪。此外，这个时代也是世界三大宗教中的基督教和大乘佛教诞生并传播的时代。

拿撒勒人耶稣

公元前4年左右，耶稣出生，出生地很可能是巴勒斯坦的拿撒勒。尽管《新约》中记载耶稣出生于伯利恒，但这大概是因为它继承了《旧约》中救世主（弥赛亚）将出自大卫家族的说法，而大卫的故乡就在伯利恒。也正是出于这个原因，在《路加福音》中，约瑟和怀有身孕的玛利亚为了登记户籍，不得不特意从拿撒勒赶往伯利恒。

说起来，公历纪年虽说把耶稣诞生那年定为了公元元年，但在6世纪被提出来的时候（公元525年，由罗马人狄奥尼西提出），有关历法的正确知识大概还比较匮乏。关于耶稣生平的史实，后人知之甚少。一般认为，公元28年左右，耶稣开始在加利利传教，公元30年左右，在耶路撒冷遭到犹太教祭司们的告发，被罗马总督彼拉多（26—36年在任）处以十字架刑。

一部分人认为耶稣就是希伯来传说中的弥赛亚（希腊语写作christos，日语写作キリスト）。耶稣的教义与先行者施洗约翰的教义一样，似乎都是对犹太教的革新运动，但具体内容无从知晓。只是不久后就出现了有关耶稣复活的信仰，耶稣死后，门徒们继承了他的衣钵，在耶路撒冷继续活动。

保罗（？—约64）的悔悟（约在公元34年）带来了一次大转机。保罗曾是一个狂热的法利赛派（以垄断并保护犹太教知识的学者为中心的集团）犹太教徒，一度迫害过基督教徒，但在一次骑马去大马士革的途中，伴随着光照响起耶稣的声音"为什么要迫害我的门徒？"，随后保罗就从马上摔了下来，双目失明。据说在一个叫亚拿尼亚的基督教徒的祈祷下，保罗睁开了眼睛，悔过自新成了一名基督教徒。

保罗摒弃了之前的戒律，开始呼吁耶稣的教导不限于犹太人，对所有人都要开放。基督教诞生了。保罗虽然与墨守耶稣教义的耶路撒冷基督教会分道扬镳，但他为基督教跃升为世界宗教奠定了基础。说得极端一点，基督教也可以说是保罗教。一般认为，耶稣是用当时的当地方言阿拉米语进行传教的，而保罗使用的则是当时通用的希腊语。据说，早期的信徒几乎都是流散（diaspora）的犹太人。

罗马帝国方面，奥古斯都执行并完成了尤里乌斯·恺撒的宏图大略，于公元14年去世，他的养子提比略（14—37年在位）继位。提比略的政治手腕也很高明。此后，直到尼禄（54—68年在位）为

《圣保罗的皈依》（卡拉瓦乔绘）

止，百年间五代帝王都出自尤里乌斯家族（中间也出过昏君和毒妇，史称尤里乌斯-克劳狄乌斯王朝），而由奥古斯都构建的坚固帝国，丝毫没有被撼动。

据说尼禄将公元64年罗马市的大火归咎于基督教徒，并对基督教进行了镇压，但真实情况不得而知。传说，耶稣

的大弟子彼得（被奉为第一任罗马主教）和保罗就是在这个时期殉教的。后来，在二人的墓地上分别建起了圣彼得大教堂和城外圣保罗大教堂。

大乘佛教的诞生

与耶稣诞生约同一时期，印度的上座部佛教中出现了新的革新运动。在此之前的佛教可以说是出家至上主义，以富裕的修行者（出家）个人灵魂的安宁，即寻求解脱为主要着眼点，但此后，更加重视普罗大众（在家）的救赎的思想出现了。由于佛教、耆那教等城市型新兴宗教的兴起，婆罗门被排挤到了城市以外的地方。深感危机的他们将吠陀（意为知识，编纂于古印度的宗教文献的总称）教和当地人的本土信仰结合在一起，称只要绝对皈依毗湿奴神和湿婆神就能得到救赎，开创了简单易懂的印度教。

扎根于平民大众的印度教蓬勃发展，并被从农村涌入城市的人们带入了城市。因为印度教这种新宗教的崛起，以城市为据点的佛教感受到了与日俱增的危机感。那些发起佛教革新运动的流派开始自称大乘佛教。"大乘"是大而好的运载工具的意思，人人都能得救的教义看起来与保罗的想法有相通之处。

大乘佛教的代表选手观音菩萨，一定借鉴了毗湿奴神的形象吧。化身是毗湿奴神的特点，千手千眼是毗湿奴神的别称。而观音菩萨会化身为千手千眼观音、十一面观音、不空罥索观音等。

观音菩萨 　　　　　　　毗湿奴神

既然所有人都能成佛，那么佛陀也可以有很多个。于是，释迦牟尼不再是唯一的佛，而被设定为娑婆世界的释迦如来，此外还有西方极乐净土的阿弥陀佛、东方净琉璃世界的药师佛、超然的莲华藏世界的毗卢遮那佛（在密教中被称为大日如来）等，众多佛（如来）被创造了出来。为了对抗印度教，佛教的万神殿也变得丰富多彩起来。

此外，从菩萨（寻求成佛的修行者）方面来看，把自身的成佛事业放在一边，致力于普度众生的弥勒菩萨、观音菩萨被创造了出来，《般若经》（般若即智慧，重视"空"的思想）、《华严经》（研究宇宙的真理，论及镇护国家①）、《净土经》（极

---

① 日本认为佛教以镇护国家为目的，受到政权庇护。后文《国家佛教的兴盛》一节说到中国佛教发展也用到了这种观点。——本书脚注均为译注

乐净土，以乐园思想为中心）、《法华经》（偏理想主义，平等观念强）等各种各样的经书假托佛陀的名义陆续问世。

大乘佛教就这样创造了大量不直接源于佛陀的经书，因此遭到了继承佛陀衣钵的传统上座部佛教的"大乘非佛教"的批判。这也造成了在三大宗教中，佛教的经典格外多的结果。为了反击"大乘非佛教"的批判，大乘佛教把上座部佛教称为小乘佛教。顺带一提，"小乘"一词含有蔑视的意味，现在已经不再使用了。

不过，反观这两方的斗争，在印度境内，上座部佛教似乎始终保持着优势地位。在救赎普通大众的层面上，立足于知识分子阶层，以城市为基础发展起来的理论性较强的佛教，或许无法战胜具有强烈本土元素的简单易懂的印度教吧。

在大乘佛教诞生的时期，在印度半岛南部，由达罗毗荼人中的泰米尔族建立的三个王国（朱罗、潘地亚、哲罗）正处在战乱之中。诗人们聚集在传说中的桑伽姆文学院（据传位于潘地亚王国的首都马杜赖），歌颂爱和战斗，庄严地描绘了泰米尔三王朝的英雄时代。这就是桑伽姆文学。

泰米尔三王国的繁荣，是由罗马和中国之间的途经印度的海上贸易支撑起来的。但到了3世纪后半叶，红海航线一度落入巴尔米拉（叙利亚的城邦）之手，罗马霸权式微导致海上贸易日渐衰退，这三个王国也随之衰亡了。

公元51年，帕提亚帝国的沃洛吉斯一世（在位至公元76年）即位，传说在他统治期间，口头流传了一千多年的琐罗亚斯德教（袄教）经典《阿维斯塔》被编纂成书。《阿维斯塔》想必也会对刚刚创立的基督教产生影响。

王莽之新

公元2年，汉平帝（前1—6年在位）时期，中国进行了一次全国性的人口普查，结果显示在籍民户有12233062户，人口达59594978人。这要归功于当时中国独有的令人惊叹的文书行政制度的力量。中国的税制以人头税为基础，这也为人口调查提供了动力。公元8年，外戚王莽（在位至公元23年）篡权，改国号为"新"。汉朝至此暂时灭亡。

在此之前的汉朝以长安为都城，所以通常被称为西汉（或前汉），后来由皇族后裔刘秀开创的新王朝将都城设在洛阳，所以一般被称为东汉（或后汉）。据说王莽篡位后，他性子刚强的姑母、太后王政君怒斥其忘恩负义，将秦始皇以来的传国玉玺（皇权的象征）扔到地上，砸坏了一角。

王莽

王莽忠实奉行儒家思想，颁布了一系列复古政策，但由于这些政策过于脱离现实（更改地名、七年四次币制改革、对土地所有权的限制等），"新"朝很快陷入了混乱之中，匈

【传国玉玺】

夏朝的大禹收集九州（中国全境）青铜所铸造的九鼎是中国皇权的象征，但在秦灭东周时，九鼎沉入泗水，不知所终。秦始皇用从灵鸟的巢中获得的宝玉制作了国玺。这就是传国玉玺。作为祭器的鼎被作为公文裁决印（官印）的印玺所取代，这充分说明了将文书行政作为国家根本的秦始皇的先进性。顺带一提，日本的三神器是祭器。

奴等周边游牧民族也逐渐背叛汉朝并重振势力。王莽试图将自己理想中的华夷秩序强制推行到周边地区，例如，将赐给匈奴的印玺降为章，将高句丽改为下句丽等，这些匪夷所思的政策激怒了周边地区的游牧民族。

公元17年，山东有一个被叫作吕母的女人，她的儿子因犯了点小罪被县令（一县之长）所杀，于是她杀死了县令为自己的儿子报了仇。当时协助吕母的一群年轻人后来加入了公元18年的赤眉起义。这支起义军把眉毛涂成红色，以此作为己方的标志。自此以后，叛乱层出不穷，公元23年，王莽被以绿林军为主力的叛军所杀，只存在了十五年的"新"朝就这样灭亡了。

但是，在王莽执政期间，儒教的体系化得到了发展，具备文书行政制度的中国与不具备这一制度的周边诸国的关系也在一定程度上得到了梳理。通常所说的"东亚册封体制"[1]开始了。正如西周将祭祀用的青铜器赐给诸侯一样，中国开始将刻有汉字的印玺和铜镜等给予周边国家。此外，懂汉

---

[1] 由日本学者西岛定生提出。

语的归化人等充当起了中国与周边各国外交的中间人。说起来，他们有些类似"御雇外国人"①。

周边各国若是接受了汉字和汉语，就等同于被中国同化了，但朝鲜半岛、日本和越南并没有发生这样的情况。朝鲜半岛出现了训读和万叶假名的雏形，汉字被各国用来记录自己的语言。总之，汉语没有渗透到这些地区。

话说回来，中国历史的厚重让接触到汉字（能读懂）的邻国为之折服。于是，这些邻国纷纷效仿中国，开始施行以各自的王定于一尊的律令为基础的文书行政制度（尽管中国的文书行政制度从战国时期开始，已经历了一千多年的发展），中国与邻国的关系发生了微妙的变化，变得类似战国时期的东周与战国七雄的关系（只不过，和东周相比，中国是这些国家中压倒性的强国）。这也意味着，这些邻国开始萌生以自己为中心的小中华思想。日本将京都（左京）雅称为洛阳，就是一种表现。

朝鲜半岛和日本相对快速地接受了中国的国家制度，但越南南部和中部早已接受了印度文明，因此，当地建立效仿中国国家制度的时间晚于朝鲜和日本。

尽管王莽政权通常被视为一个不合时宜的政权，但它也是汉武帝将儒教尊为国教的一种必然结果，而且，考虑到对东亚册封体制等的影响，其重要性不可小觑。

---

① 指日本在幕末至明治时代大量聘用的外籍顾问。

【东亚册封体制】

所谓册封,是指通过册书(任命书)任命王或高级官员(封建)的做法。即中国皇帝向请求朝贡的周边国家君主授予与其领地相关的王号和称号,承认该君主的独立统治,同时授予其中国的爵位(王公侯伯子男),缔结君臣关系的一种国际秩序。对于周边各国来说,朝贡通常是非常受欢迎的,这不仅是因为他们的地位得到了汉字圈,即世界最高权威的承认,还因为朝贡总是伴随着经济利益(朝贡贸易)。

不过,军事实力强大的匈奴、突厥、回鹘等草原世界的游牧民族一贯将中国视为臣服国(而并非世界最高权威),因此他们实际上与册封无缘。此外,在草原世界之外,即使中国的史书上记载了对某国的册封,但"被册封国"方面若是并没有这一记录,那么册封很可能并没有实际发生,而只是中国单方面的愿望,更像是儒教的形式主义。日本直到5世纪的倭五王时期,原则上都是接受册封的,但之后就脱离了册封体制。只不过,在日本南北朝时代,曾一度统治九州地区的南朝怀良亲王及足利义满曾获封"日本国王",之后的足利幕府除足利义持外,因为看重勘合贸易所带来的实际利益而继续使用"日本国王"这一称号。

东汉的建立

在"新"朝末年的战乱中,绿林军(驻扎在绿林山一带的民间武装势力)攻入长安斩杀王莽,拥立了汉王室的后裔刘玄(更始帝)为帝。公元25年,更始帝被攻入长安的赤眉军所杀。连续不断的战争使都城长安变得满目疮痍。同年,同为汉王室后裔,出生于南阳的刘秀即位(光武帝,25—57年在位),迁都洛阳。东汉建立。刘秀是刘玄的族弟,他的亲兄长刘縯被刘玄视为威胁,并最终被后者所杀。

动乱中,很多人遭到抢掠,沦为了奴隶,为了救济这些人,光武帝多次下令解放奴婢,并将征兵制改为屯田兵制,让士兵回乡务农，力图恢复农村的生产力。在最盛时期，中国的人口曾一度逼近六千万人，但因气候变冷和战乱，人口锐减到了两千万人左右。屯田制的施行使士兵的粮食得到了保障。因此，光武帝才能在公元30年下令减免租税，从收成的十分之一减到了三十分之一，与西汉初年持平。

光武帝还坚决实行行政和财政改革，实现"小政府"等，努力恢复饱受战争蹂躏的国土，使国力逐渐复苏。此外，光武帝还于公元29年在洛阳兴建太学（国立大学），传播儒学。进入1世纪后，儒家独尊的局面终于到来了。自东汉以来，住在曲阜的孔子后人都得到了厚待。公元36年，光武帝平定了留到最后的蜀地公孙述势力，重新统一了中国，并于公元40年重新开始了五铢钱的铸造，至此，因王莽的货币改革而极度混乱的货币制度也得到了整顿。

公元30年，光武帝对朝鲜半岛乐浪郡的叛乱势力进行讨伐，将其纳入了直接统治之下。据说早在"新"朝，儒教就传入了越南，不过和西

光武帝

汉一样，对于越南，东汉只统治了氾河北部地区。对中国而言，越南北部的港口是通往印度洋的窗口，具有贸易上的战略价值。后来，广州的港口建成后，其重要性就减弱了。公元40年，越南的征氏姐妹（二征）发动独立战争，但被名将马援（前14—49，"矍铄"一词就源于马援即便年迈仍请缨出征的事迹）镇压，历时三年。

统治中国三十余年，复兴了汉朝的光武帝于公元56年在泰山封禅。公元57年，倭奴国王（或许应当读作"倭奴国/王"。以前都读作"倭奴/国王"，但在当时，整个东亚都找不到"国王"的例子）派遣使节奉贡朝贺，光武帝授予其金印。这枚金印后来在日本九州的志贺岛出土。关于光武帝和金印的始末，冢本青史在小说《光武帝》中做了描述。公元57年，光武帝逝世，留下了"得陇望蜀"（人的欲望没有止境）等名言。

班超父子对西域的掌控

据说公元67年左右，首都洛阳城西建起了白马寺，并从西域请来了佛经。佛教开始传入中国。不过，也有观点认为，佛教早在公元前2年就已经传入，并且不只是通过陆路，还通过南方的海路，经越南，在几乎同一时期传入了中国。

东汉的光武帝和西汉的刘邦一样，对匈奴采取消极政策。不过，公元48年，匈奴因为内乱再次南北分裂，南匈奴向东汉臣服。留在蒙古高原的北匈奴对边境虎视眈眈，因此，东汉第二位皇帝汉明帝（57—75年在位）决心派出远征军。班超（32—102）就在其中。

公元74年，明帝重新设立了"新"朝灭亡以后中断的西域都护，恢复了自西汉以来对西域的统治。公元91年，东汉第四位皇帝汉和帝（88—106年在位）任命班超为西域都护。班超鼓励部下"不入虎穴，焉得虎子"，最终击败了北匈奴，前后共经营西域近三十年。

班超

公元92年，北匈奴溃逃。公元97年，为了寻求邦交，班超派遣部下甘英出使罗马，但是甘英似乎只到达了帕提亚帝国的西境（叙利亚?）。在与北方游牧民的关系方面，班超留下了"水至清则无鱼"的建议。

班超的兄长班固（32—92）、小妹班昭（45—117）修撰了与《史记》比肩的史书《汉书》。公元107年，西域都护一职被废止，但在公元127年，班超之子班勇（? —127）再次让西域诸国臣服。这是汉朝统治西域的最后辉煌。

汉和帝九岁即位，外戚窦宪（? —92）专横至极。对此深恶痛绝的汉和帝长大后，利用宦官郑众（? —114）于公元92年设计诛杀了窦宪。此后，郑众及其同僚蔡伦（约62—121）的势力日益增长。据说，被称为东汉宿疾的戚宦之争，就是从这里开始的。

东汉时期科学的发展

东汉时期，科学发达。由于王莽和光武帝信奉图谶之书（预言之书），儒教中开始流行谶纬思想（根据天变地异和图谶之书预测未来的征兆或吉凶的思想）。王莽利用预言自己即位的"瑞石"篡位的故事着实有名。与之相对，王充（约27—100）严厉批判了主张自然现象反映天意的天人感应说和谶纬思想（王充的代表作是《论衡》）。王充的唯物主义批判精神，与科学的发展不无关系。谶纬思想容易与易姓革命联系在一起，对当权者来说也是一种危险思想，因此被看作蛊惑世间的东西，晋以后屡次遭禁，隋文帝也曾禁止，但谶纬思想成了日本阴阳道的雏形。

在成书于东汉中期的问题集《九章算术》中，已经可以看到负数和分数的概念。数学的进步推动了天文学的进步，一年的长度得到了精确的计算。公元100年，许慎（58—148）完成了《说文解字》（现存最古老的汉字字典）。公元105年，蔡伦造纸献给汉和帝。蔡伦并非发明了纸，而是将公元前2世纪左右开始使用的麻纸进一步改良、优化，完善了造纸技术。

蔡伦

随着纸张的普及，从适用于石刻的秦隶书衍生出了便于在纸上书写的行书，行书又进而衍生出了楷书。不过，适合快速书写的草书（草隶）被认为可以追溯到西汉。造纸法完善后，汉字从最初的雕刻文字变成了书写文字，书法诞生了。甚至有一种说法认为，纸张的普及所带来的信息革命，导致了延续四百年的汉朝的灭亡，带来了持续四百年的大分裂时代。

公元132年，对月食成因作出解释的张衡（78—139）改进了浑天仪，发明了地动仪。此外，一直以来被称为医圣的张机（张仲景，150—219）和世界上第一个实施全身麻醉的医生华佗（？—208）也是东汉时期的人。张仲景写出了著名的医书《伤寒杂病论》，后由晋代的王叔和（？—250）整理。药学著作《神农本草经》也成书于东汉。为儒教经典加注释的在野大学者郑玄（127—200）也活跃于东汉末期。顺带一提，儒教将郑玄等东汉、三国时代的人所做的注释称为古注，将13世纪朱熹等人的注释称为新注。不过，更准确地说，在朱熹之前，还有王安石的新法派所做的注释也曾经风靡一时。

印度新帝国贵霜王朝

印度方面，公元20年左右，帕提亚系帕拉瓦人冈多法勒斯（在位至公元46年左右）取代伊朗系塞迦人建立的印度-斯基泰王朝（希罗多德认为塞迦人就是斯基泰人），将印度西北部纳入了统治之下。犍陀罗艺术似乎诞生于公元50年左右。这一带反复遭到希腊人、塞迦人和帕拉瓦人的入侵，可以说是各民族的十字路口。不同民族的交融带来了多样性（充分利用多样化的人才），并最终孕育出了高度发展的文化。

兴起于印度大陆的大乘佛教正是在印度西北的这片土地上得到了大力发展。阿弥陀佛和弥勒菩萨的身上，有西方的弥赛亚和密特拉神的影子，而观音菩萨除了毗湿奴神外，还受到阿娜希塔女神（仁慈的波斯水神）的影响。佛教通过印度西北部向西传播，给西方世界带去了巨大的影响。将在后文讲到的诺斯底主义和摩尼教，显然都从佛教中获得了灵感。

约公元65年，大月氏的强盛部落、伊朗系贵霜部落的丘就却（在位至公元80年左右）走出阿富汗，征服印度西北部，建立了贵霜王朝（1世纪—3世纪上半期）。此后直到莫卧儿王朝为止，来自阿富汗的势力多次统治印度，而贵霜王朝则是他们的先驱。公元100年左右，佛像出现了。在此之前，佛陀是通过菩提树、法轮、佛足石等被抽象地表现出来的，后来受到其他民族和宗教的影响，才被以佛像的形式来表现。

一般而言，与文学相比，美术对来自其他文明的刺激更为敏感。几乎同一时期，佛像在犍陀罗（受希腊雕像的影响）和北印度的马图拉诞生。也许是强调普度众生的大乘佛教运动在"容易拜见"这一点上，受到了印度教的影响，从而推动了佛像的诞生吧。

犍陀罗佛像 　　　　　　马图拉佛像

大约在佛像诞生的同一时期，印度出现了劝人皈依毗湿奴神的印度教经典《薄伽梵歌》（神之歌）和《摩奴法典》（摩奴是人类始祖的名字）。《摩奴法典》向女性灌输"三从"的教义（父亲、丈夫、儿子），凸显了雅利安人与希腊人如出一辙的对女性的蔑视观。《薄伽梵歌》后来被编入了《摩诃婆罗多》。

贵霜王朝控制了东西贸易的要道，大量发行金币取代之前的银币，到第四代君主迦腻色伽一世（约128—151年在位）的时代，建成了囊括恒河流域的大帝国。迦腻色伽一世

金币上的迦腻色伽一世像

开创了一个新纪元。贵霜王朝时期发行的大量金币，为推定王统谱系和王朝势力范围提供了绝佳的资料。不过，贵霜王朝似乎并不是孔雀王朝那样的中央集权国家，而是采取了波斯式的政体，将地方的当权者作为从属，而统治者则作为王中之王统治全国。首都虽然设在印度西北部的白沙瓦，但恒河流域的副都马图拉也同样重要。

在这一时期，犍陀罗美术迎来了鼎盛期，马图拉的佛教美术和耆那教美术也很繁荣。据说包括迦腻色伽一世在内的王族似乎都信奉琐罗亚斯德教，但他对宗教持宽容态度，接纳了东西方所有的神，还举行了第四次佛典结集，有阿育王再世的美誉。但是，需要注意的是，无论是阿育王皈依佛教，还是迦腻色伽一世结集佛典的事迹，佛教教团方面的宣传因素占了很大一部分，很难说一定是史实。

当北印度的贵霜王朝迎来全盛期的时候，在南部的德干高原，达罗毗荼人建立的百乘王朝（也被称为案达罗王朝，前230—约250）同样一派繁荣。消除了甘婆王朝的势力，由须慕迦（前230—前207年在位）开创的这个王朝掌控着连接罗马和东南亚的海上航线。此时，罗马与帕提亚正处于敌对状态，因此非常重视海路。

公元100年左右，一个名为扶南（至公元550年）的国家在湄公河下游成立了，它是东南亚地区最早出现的强国。

扶南国深受印度文化的影响。百乘王朝与扶南国联手，垄断了东南亚的海上贸易。印度次大陆也分到了由罗马和平时期（Pax Romana）与汉朝的和平所带来的红利。此外，后文会提到，林邑国（占婆、占城）于公元192年在越南中部建立。

公元230年，向中国的曹魏派遣使节的大月氏王波调，被认为是曾保护佛教的贵霜王朝末期君主韦苏提婆（生卒年不详，3世纪前半叶在世）。面对萨珊王朝的攻势，他一度考虑与中国合作。这与西汉武帝与大月氏结盟对抗匈奴的想法相似。但是，合作并没有达成，韦苏提婆大败于萨珊王朝的沙普尔一世（241—272年在位），贵霜王朝走向了衰落。

人类最幸福的时代

尼禄自杀（公元68年）后，罗马帝国先后出现了三位皇帝，内乱持续了一年半。公元69年这一年被称为"四帝之年"。为镇压公元66年爆发的犹太人起义而被尼禄派往巴勒斯坦地区的韦帕芗于公元69年即位（在位至公元79年），弗拉维王朝拉开了序幕。公元70年，韦帕芗的长子提图斯摧毁了耶路撒冷，结束了犹太战争。

约瑟夫斯（37—100）从马加比起义写起的《犹太战记》中详细记载了这场战争。约瑟夫斯是犹太人，曾是起义军的将领之一，向罗马军队投降后成为了提图斯的幕僚。

公元79年，提图斯继承了他父亲的皇位（在位至公元81年），维苏威火山喷发，庞贝等地被掩埋，《自然史》一书的作者普林尼（23—79）殉职。公元80年，韦帕芗在位期间开始修建的罗马斗兽场竣工。人们期待提图斯能施行仁政，但他只统治了两年半就病逝了，由弟弟图密善即位（81—96年在位）。

然而，图密善暴虐至极，于公元96年被刺杀，并被元老院处以"记录抹杀刑"（Damnatio memoriae）。这种刑罚会抹去其生前留下的所有痕迹，对于重视名誉的罗马人来说是最为残酷的刑罚，一般被用在叛国者身上。受过这一刑罚的皇帝，只有被塞维鲁王朝的第二任皇帝卡拉卡拉（211—217年在位）暗杀的弟弟盖塔和图密善两位而已。

弗拉维王朝灭亡后，涅尔瓦（96—98年在位）在元老院的推举下登上了帝位。世人所说的五贤帝时代开始了。五贤帝的每一位都是前任皇帝的养子，各自都展现出了高超的能力，将罗马帝国带入了鼎盛期。著有《罗马帝国衰亡史》的英国历史学家爱德华·吉本（1737—1794）曾夸张地称这是"人类最幸福的时代"。

公元98年，出生于西班牙伊大利卡的图拉真继位（在位至公元117年）。同年，撰写《编年史》的历史学家塔西佗（约55—120）完成了《日耳曼尼亚志》（地志）。图拉真通过两次远征将达契亚（罗马尼亚）并入了罗马，接着又挥师帕提亚，于公元114年将两国之间的缓冲地带亚美尼亚收入了版图。公元116年，罗马军队占领了帕提亚的首都泰西封，至此罗马帝国的领土达到了空前的规模。

公元117年，图拉真在从东方返回罗马的途中去世，同样出生于西班牙的哈德良（在位至公元138年）继位。图拉真的丰功伟绩被刻画在了位于古罗马广场的图拉真记功柱上。

玛格丽特·尤瑟纳尔（1903—1987）的名作《哈德良回忆录》使这位新帝闻名于世。他是一个才能卓著且具有现代自我意识的复杂的人。哈德良上位后，立即放弃了美索不达米亚和亚美尼亚，以幼发拉底河为国境，与帕提亚缔结和约，向国内外表明了坚持防守政策的决心。

在长达二十一年的统治中，哈德良几乎把三分之二的时间都用在了视察帝国的领土上。留在英国的哈德良长城、位于雅典的哈德良城（新城）、土耳其的要塞哈德良堡（埃迪尔内）等，帝国境内的广大地区都留下了哈德良的足迹。他还以莱茵河和多瑙河等作为国境线，修建了被称为"罗马帝国界墙"（Limes，这是英文limit的词源）的防御系统。

内政方面，他注意法令的修订（为后来的《罗马法大全》奠定了基础），并完善了官僚机构。此外，他钟爱比提尼亚的美少年安提诺乌斯，在安提诺乌斯死后，把他的雕像留在了帝国的每个角落。公元132年，第二次犹太战争爆发。公元135年，哈德良镇压了起义，自此禁止犹太人进入耶路撒冷。从此以后，犹太人的流散成了常态。

也是在这个时代，罗马开始被称为"永恒之城"。哈德良重建了万神庙，晚年在罗马郊外的蒂沃利地区修建了一座宏伟的别墅（哈德良别墅）。在这里，旅行的回忆被用迷你模型的形式再现了出来。公元138年，哈德良逝世，其生前指定了两代继承人（安敦尼·庇护和马可·奥勒留）。他的陵墓后来被称为圣天使堡。

与前任皇帝不同，五贤帝中的第四位安敦尼·庇护（138—161年在位）从没有离开意大利，也许是没有那个必要吧。毕竟，哈德良全面检视过的帝国，被重铸得坚实而稳固。据说在他统治的二十三年里，既没有什么值得大书特书的功绩，又没有发生什么称得上事件的事件，但换个角度看，对于日出而作、日落而息的百姓而言，没有比这更幸福的时代了。无论哪个时代，都没有多少人会因为发生大事件而高兴的。

安敦尼像（国立罗马博物馆藏）

高层不强求功绩，是再好不过的事情。也许安敦尼·庇护很清楚，在哈德良一番大刀阔斧的作为之后，什么都不做才是最好的选择。公元148年，罗马举行了盛大的建国九百周年庆典。此时，学者托勒密（约83—160）正在亚历山大港宣传"地心说"。

在以和平的五贤帝时代为主的时期，前往古典文化发祥地雅典游学成为罗马贵族圈的一种流行。这也许是 17 至 18 世纪英国盛行的"游学旅行"（Grand Tour，贵族子弟出国研修旅行）的先驱吧。

公元 161 年，马可·奥勒留即位（在位至公元 180 年，但在公元 169 年路奇乌斯·维鲁斯病死之前是两帝共治），帝国风云突变。次年，帕提亚入侵亚美尼亚。

北方的日耳曼各部族开始蠢蠢欲动。马可·奥勒留在战胜帕提亚后，趁势向北方的日耳曼各部族发动了预防性战争（马科曼尼战争）。马可·奥勒留也是一位斯多葛派学者，他在战场上开始撰写《沉思录》。然而，马科曼尼战争迟迟没能结束，奥勒留于公元 180 年在前线的文多博纳（今维也纳）去世。他的亲生儿子康茂德继承皇位（180—192 年在位），五贤帝时代宣告结束。

罗马发祥地卡比托利欧山上矗立着一座威风凛凛的青铜骑马像，展现了马可·奥勒留生前的英姿。另外，马可·奥勒留还因善待希腊医学集大成者盖伦（约 129—200）而广为人知。

《新约圣经》的完成和斯多葛派

踏上传教之旅的保罗给自己创立的教会（信徒集团）写了许多信。这些书信大约写于公元 1 世纪 50 年代，在流传至今的十四封保罗书信中，有七封被认为是出自保罗的亲笔。不久后（50至60年代），《马可福音》成书，对耶稣的教义进行了总结。到了80年代，以《马可福音》和"Q材料"（失传的耶稣语录）为参考来源的《马太福音》和《路加福音》问世。因为内容相似，这三本福音书被称为"共观福音书"。这个名称，源于圣经学者将三者的正文进行比对后制作的共观表（synopsis）。

进入90年代，《使徒行传》《启示录》《约翰福音》等相继问世。《使徒行传》和《路加福音》的作者被认为是同一个人。使徒特指以耶稣的亲传弟子彼得为首的十二人。"十二"这个数字直观上对应以色列的十二个部族，但同时也是一年的月份数，自古以来就被人类视为圣数。例如，奥林匹斯十二神、药师十二神将，等等，不胜枚举。

"太初有道，道与神同在，道就是神。"以这一令人印象深刻的句子开头的《约翰福音》，在思想和神学层面上进一步深化，其显著特点是明确指出了耶稣是神。顺带一提，这些文书都是用当时的通用语——科伊内希腊语写的。

关于这些文书的作者，除了保罗以外，其他人的信息都不甚明确，但有一点是肯定的，那就是这些人都没有接受过耶稣的直接教导。四福音书的作者后来被称为福音使徒或福音书著者，并且为了让不识字的人（在当时很普遍）能够辨别四人，人们就分别用四种活物来作为他们的固定象征。

马可是狮子，马太是人，路加是牛，约翰是鹰，这四种活物来源于《旧约圣经》中的《以西结书》。威尼斯之所以到处都是狮子,就是因为威尼斯的守护圣人是圣马可。像这种能用来识别历史上或神话中的人物的物品或动物被称为"象征物"。了解了"象征物",逛美术馆就会变得格外有意思,尤其是在欧洲。

四福音使徒

福音书中记载的耶稣的思想可以有多种解读。特别是《约翰福音》,其中包含的一些激烈的内容,导致了被称为诺斯底派("诺斯底"一词在希腊语中意为"知识")的教派分支的产生。诺斯底派又分为多个派别,其教义无法一概而论地进行介绍,但简单来说,是受到琐罗亚斯德教影响的善恶(灵肉)二元论。全能的神所创造的世界怎么会充满邪恶和悲伤呢?这不能只用夏娃在乐园偷吃了禁果的轻率行为来解释。

诺斯底派认为,旧约之神德谬歌(世界的创造者,最早出现在柏拉图的作品中)创造了邪恶的世界和肉体,而新约之神耶稣统治光明和灵魂,拯救人类。他们过着简朴的修行生活,追求灵魂的解脱,从这一点上可以看到佛教的影响。诺斯底派从这些观点出发,只把《约翰福音》视为正统,而对共观福音书持抵制态度。

对此,基督教方面感到了编写正统新约圣经的迫切需要。经历了与诺斯底派以及后来出现的阿里乌斯派等被当作异端的派系的长期论战,当二十七卷书最终被确定为新约圣经的正典时,时间已经来到了公元397年,距离耶稣逝世已经过去了三百五十多年。

受此启发,琐罗亚斯德教的经典《阿维斯塔》的正典也在同一时期,即沙普尔二世(309—379年在位)统治期间,被编纂了出来。宗教和宗教之间是会相互影响的。

这些论战几乎都发生在东方世界,如文化之都亚历山大城和君士坦丁堡等。罗马教会虽然后来成了总部,但在当时完全被隔离在这个圈子之外。在首都罗马,基督教的力量还很微弱。尽管诺斯底派的教义从未成为正统,但它化身为清洁派等形式，在基督教世界里存续了一千多年。

【《新约圣经》的正典】

四福音书（耶稣的生平）、使徒行传（历史书，对耶稣死后的早期教会的记录）、十四封保罗书信（罗马书、哥林多前书、哥林多后书、加拉太书、以弗所书、腓立比书、歌罗西书、帖撒罗尼加前书、帖撒罗尼加后书、提摩太前书、提摩太后书、提多书、腓利门书、希伯来书，一般认为，其中的罗马书、哥林多前书和后书、加拉太书、腓立比书、帖撒罗尼加前书及腓利门书这七封为保罗所写）、七封大公书信（雅各书、彼得前书、彼得后书、约翰一书、约翰二书、约翰三书、犹大书）、启示录，以上二十七卷被认定为正典（Canon）。与之相对的，还有被称为外典（Apocrypha）的近三十卷文献流传至今。其中有名的有《多马福音》、巴拿巴书、西比拉神谕等。此外，在犹太战争结束后的公元1世纪90年代召开的雅麦尼亚会议上，三十九卷文书被认定为旧约正典，由在希伯来语中被称为妥拉（Torah）的摩西五经（《创世记》《出埃及记》《利未记》《民数记》《申命记》）、先知书（Navim）和圣录（Ketuvim）组成，取这三个词的首字，合称《塔纳赫》（Tanakh）。后来，基督教将《塔纳赫》正典化。

罗马帝国向宗教宽容性方面的先驱、世界帝国波斯阿契美尼德王朝学习的同时，原封不动地借鉴了希腊的诸神，只在名字上做了些改变。在此基础上，罗马的皇帝死后也会被奉为神。韦帕芗临死前说"我要变成神了"的幽默事迹广为人知。然而，在统治阶级中，具有强大影响力的是斯多葛派。

斯多葛派由曾受教于柏拉图学园的塞浦路斯岛人芝诺（前336—前264）创立，其学说随着时代的变化而变化，要想将它的内容说清楚并不容易，但总的来说，它主张世界是建立在上帝的理性秩序（cosmos）之上的，人们应该接受这种秩序，不要被感情和欲望所惑，而应当克己，作为世界公民（cosmopolitan）理性地生活。

芝诺曾在雅典的斯多葛柱廊（Stoa Poikile）讲学，因此这个学派被称为斯多葛派。曾担任尼禄的家庭教师的塞内卡（1—65），以及出生于弗里吉亚的刚毅哲学家爱比克泰德（约55—135）——他的弟子整理编写的《爱比克泰德手册》和《爱比克泰德语录》（Enchiridion）对帕斯卡尔等近代大家也产生了巨大的影响，还有马可·奥勒留等，都出自这个学派。

在罗马帝国，伊壁鸠鲁学派也有很大的影响力。创始

斯多葛柱廊

人伊壁鸠鲁（约前341—前270）诞生于萨摩斯岛，受到古希腊唯物主义哲学家德谟克利特的影响，从无神论的角度阐释这个世界。在此基础上，他主张不要参与社会事务（"默默无闻地生活"是他的名言），贯彻彻底的个人主义，以获得内心的安宁。伊壁鸠鲁关于从迷信和恐惧中解放出来的教导，与老庄思想和上座部佛教也有一些相通之处。

伊壁鸠鲁哲学的追随者常被等同于享乐主义者，但这是一种误解。伊壁鸠鲁舍弃了物质和肉体上的快乐，在伊壁鸠鲁花园（位于雅典郊外的一座带小花园的房子）与志同道合的人一起一心追求精神上的快乐。诗人卢克莱修（前99—前55）在《物性论》中赞颂了伊壁鸠鲁的思想。

这本书被遗忘了很长时间，直到公元1417年，来自托斯卡纳的人文学者波吉欧·布拉乔利尼（1380—1459）在德国的一个修道院中发现了它的抄本，对文艺复兴产生了很大影响。斯蒂芬·格林布拉特在《大转向：世界如何步入现代》一书中详细描述了这件事的始末。

此外，五贤帝时期还涌现了《比较列传》的作者普鲁塔克（约46—120）和道破"健全的精神寓于健全的身体"的讽刺诗人尤维纳利斯（约60—130）等。作为这个时代的精神的代表，诗人弗洛鲁斯和哈德良之间充满幽默的对话广为人知。

弗洛鲁斯说："我可不想当皇帝，游荡在异族之间（部分内容缺失），被那斯基泰的冰霜啃噬。"哈德良答："我可不想当弗洛鲁斯,徘徊在酒馆之间,藏身于食肆之内,做那肚子圆鼓的蚊虫的饵食。"作为一个公民和一位政治领袖之间的对话,即使是现在,也没有多少能出其右的吧。

东汉的衰退

进入 2 世纪后,东汉接连出现幼帝即位的局面。东汉第五位皇帝汉殇帝即位时才出生百余天(公元 106 年在位,后面也有将在位两百多天的少帝包含在内的排序方式),第六位皇帝汉安帝十三岁即位(106—125 年在位),第七位皇帝汉顺帝十岁即位(125—144 年在位),第八位皇帝汉冲帝两岁即位(144—145 年在位),第九位皇帝汉质帝七岁即位(145—146 年在位),第十位皇帝汉桓帝十四岁即位(146—168 年在位),第十一位皇帝汉灵帝十二岁即位(168—189 年在位),第十二位皇帝汉少帝十六岁即位(公元 189 年在位),第十三位皇帝汉献帝八岁即位(189—220 年在位)。

纵观世界历史,很难找到像东汉这样幼帝频出的王朝。在这种情况下,势必会出现皇太后及其家族(外戚)专权的局面。继而,出现成长后的皇帝依靠宦官对抗外戚的情况。在此基础上,权力越来越大的官僚(知识分子)也加入了进来。这些纷争逐渐削弱了东汉的实力。

外戚是母系社会的遗痕,随着以父系制为指导原则的儒家思想的广泛传播，外戚的力量也就自然而然地被削弱了。平安时代的日本实际上就是一个母系制社会，外戚藤原氏专权就是一种表现。在西汉，普通官员也能在内廷任职，但到了东汉，从汉光武帝开始，内廷的职位只能由宦官来担任。这样一来，一旦无能或年幼的皇帝登基，面对巨大的皇权，外戚和宦官就有了横行的空间。

公元159年，汉桓帝借助宦官之力，逼外戚"跋扈将军"（七岁的汉质帝曾这样称呼梁冀，因此被毒杀）梁冀（？—159）自杀。这回轮到宦官当权了。对此，官员们多有不满。公元166年发生了名为"党锢之狱"的政变，众多官员（与宦官相对，自称清流派）遭到倾轧排挤。

这一年，马可·奥勒留的使节（也许是印度商人）经由越南访问了中国。虽然汉朝对西域的统治结束了，但是海路（海上丝绸之路）毫无疑问是和罗马相通的。湄公河三角洲出土了马可·奥勒留时代的货币，洛阳郊外出土了古罗马的玻璃器。

从2世纪后半叶开始，欧亚大陆的气候逐渐进入了寒冷期。这段寒冷期大约持续了四百年。在严重依赖农业生产的古代社会，气候变冷意味着生产力的下降，从而导致无法蓄积军粮，无法调动大军，以至于难以维持一个强大的统一国家。

此外，地球一旦变冷，受到寒冷化影响更强烈的北方游牧民族就会开始南下，引发多米诺骨牌效应，导致各民族的大规模迁徙。这就是罗马和汉这两大古代帝国走向衰亡的根本原因。在中国,三国时代就此拉开了帷幕,中国迎来了长达四百年的南北分裂时期。据估算,西汉和东汉虽然都维持了近两百年,但从灾年的比例来看,西汉为15%,而东汉为61%。

这一时期,接连不断的天灾和饥荒导致社会动荡愈演愈烈,加之受到从西域传入的佛教的刺激,以老庄思想为核心的新兴宗教(道教)出现了。这其中,以发动"黄巾起义"的张角(?—184)所创的太平道和张陵(?—154)在巴蜀创立的五斗米道(后来的正一道)最为有名。

张陵之孙张鲁(?—216)在汉中维持了近三十年的宗教王国后,投降了曹操(155—220)。他的子孙作为道教的"王子王孙",和孔子的子孙一样受到尊崇,至今仍然存在。孔家八十三代,张家六十五代,大概是世界上最古老的一脉相承的家族了。《孔子世家谱》被吉尼斯世界纪录列为世界最长的家谱。不过,与孔家相比,张家的家谱被认为有相当大的疑义,至今围绕第六十五代传人的争议似乎仍在持续。

在自然灾害频发的年代,比起死后的永生,眼前的现世利益是更为切身的问题。通过忏悔和符咒来治愈身心疾病的道教,之所以能够广泛传播,大概是因为迎合了这个时代的需求吧。

由于生产力低下,葬礼也逐渐从厚葬向薄葬转变。汉桓帝在公元165年这一年之内三次祭拜老子祈求长生，很好地反映了这个时代的风气。

公元184年，张角发动黄巾起义。起义者以黄布包头作为辨认同伴的记号。根据五行思想，"汉为赤色"，汉之后的王朝的象征色是黄色。虽然在曹操和孙坚（155—191）等人的行动下，黄巾起义不到一年就被镇压了下去，但东汉的根基已经动摇，叛乱此起彼伏。黄巾起义是中国最早的利用民间信仰对抗政权的起义，这种模式日后将会多次重演。

张角　　　　　　张陵

公元189年，外戚何进（？—189年）企图铲除宦官却反被宦官所杀。不久后，曾与何进合作的名门之后袁绍（？—202）入京，肃清了宦官。在这段权力空白期，进入洛阳的董卓（？—192）驱逐了袁绍，拥立东汉最后一位皇帝汉献帝即位，开启了群雄割据的局面。公元190年，董卓强行将都城迁到靠近自己大本营的长安，后被手下虎将吕布

【太平道和五斗米道】

太平道是道教的一个派别，以道士于吉在泉水边得到的神书《太平青领道》为经典，其教义是吉兆和祸福源自本人的行为，积德行善则可以长生不老。张角实现了道教的教团化。五斗米道因要求信徒交五斗（约九十升）米而得名。因为张鲁将创始人张陵尊为天师，所以又被称为天师道，后来改名为正一道，并沿用至今。五斗米道通过符咒类的仪式治疗疾病，并向难民无偿提供粮食（因此需要捐赠大米），逐渐形成了一个自治组织。其祖庭位于江西龙虎山（世界遗产），张天师之位由张陵的子孙世袭。此外，张陵去世时所在的四川青城山也被列入了世界遗产。正一道与12世纪成立的全真道并称道教的两大教派。

所杀。

公元192年，马来、印尼系民族占族在越南中部建立了占婆国（林邑，宋以后称为占城），接受印度教文化。总的来说，在古代东南亚，除了自古以来就与中国关系密切的越南北部地区以外，其他地区受印度文明的影响更为显著。这不仅是因为印度商人在海洋上的活跃，还因为比起以理解大量汉文典籍为前提的中国文明，印度文明接受起来更容易一些。

三国时代

在中国，东汉衰落后，曹氏建立了魏国，孙氏建立了东吴，刘氏建立了蜀汉（三国时代）。

在群雄割据的混乱中，曹操迅速崭露头角，于公元196年将汉献帝从荒废的洛阳迎到自己的大本营许都（许昌），从实质上将东汉变成了自己的傀儡政权。当时盛行人物品评，著名的人物评论家许劭（150—195）评价曹操为"治世之能臣，乱世之奸雄"。许劭每月的一日都会进行有特定主题的人物品评，因此产生了"月旦"一词。人物品评的流行最终催生了九品中正制（九品官人法）。

曹操

为了重振因战乱而人口锐减的中原，曹操从汉光武帝的政策中得到启发，开始推行屯田制（均田制的前身）。在屯田制下，土地被公有化并分配给农民，这与豪族大土地所有制是相冲突的。这样的制度大概也只有在战乱导致豪族的掌控力下降的情况下，才能得以实现。此外，在屯田制的基础上，曹操还确立了后来被称为"租庸调制"的赋税体系。税负担占到收成的五至六成，撑起了曹操政权财政的大半。

公元200年的官渡之战中，曹操击败袁绍，基本统一了华北地区。公元204年，曹操建新都邺城（成为后来的洛阳、长安、大都等中国国都的样板），尔后挥师南下，力图统一中国。然而，公元208年，在由著名军师周瑜（175—210）指挥的赤壁之战中，出身东汉皇室远支的刘备（161—223）与出身江南权贵的孙权（孙坚之子，182—252）联手，击败了曹操，自此，刘备三顾茅庐请来的军师诸葛亮（孔明，181—234）谋划的天下三分之策成为了现实。

值得一提的是，诸葛亮的胞兄诸葛瑾（174—241）是

诸葛亮（孔明）

孙权的重臣，堂弟诸葛诞（？—258）是曹操的高官。尽管与日本战国时代的真田家有所不同，但诸葛家族也在试图分散风险。公元212年，孙权建新都建业（即东晋的建康，后来的南京）。

曹操不仅是超一流的政治家和军事家，还是为《孙子兵法》作注的大学者和杰出的诗人。他的儿子曹丕、曹植也都很有诗才，有观点认为曹操父子为汉诗的兴盛奠定了基础。曹操重义，将被匈奴掳走的友人之女、诗人蔡琰（约177—？）从匈奴手中带了回来。公元220年，曹操去世后，曹丕（魏文帝，220—226年在位）建立魏国（东汉灭亡）。公元221年，刘备在成都建立蜀汉。公元222年，孙权在江南建立东吴。中国进入了三国鼎立的时代。三国的军队是在名为"鼓吹曲"的军乐鼓舞下战斗的。

从魏到晋

魏国的建立是当时的一个重大事件。被西汉武帝定为国教的儒教，在王莽统治时期完成了体系化，并最终开始了向国内外的渗透，此后所发生的可能是第一次真正意义上的易姓革命（基于政权更替正当化思想，建立新的国家）。汉朝毕竟是一个持续了四百年的王朝。曹丕登上皇位也是需要勇气的吧。曹丕在三次推辞汉献帝的禅让后，筑"受禅台"登基称帝（魏文帝）。魏文帝迁都洛阳，甚至还编了宗谱，称刘氏的祖先为尧，曹氏的祖先为舜。

这种篡位形式（禅让），直到10世纪宋朝建立时，仍在被沿用。此外，因为魏文帝得到了汉献帝的正式禅让，因而催生了魏才是正统王朝的正统论。对此，标榜自己是东汉皇室一支的蜀汉强烈反对。这种"天无二日，土无二王"的正统论思想对后世产生了深远的影响。

另外，根据"五行说"，汉朝被认为是火德（红）王朝，因此魏是土德（黄）王朝。此后直到宋金时期，或者也可以说直到清朝为止（除去元朝），都继承了这种思想：晋（金德，白）—北魏（水德，黑）—北周（木德，青）—隋（火德，红）。魏文帝是一位有才能的理性主义者，他改变了厚葬的风气，下令禁止使用秦汉以来的皇族王侯下葬时使用的玉衣。

三国之中，掌控华北的魏国最为强大（人口约为吴国的两倍）。其次是占据江南地区的吴国（人口约为蜀汉的两倍）。蜀汉虽然面积小，但地理位置险要，且扼守着从云南到印度的西南丝绸之路，除了诸葛亮外，还有关羽（？—

220）、张飞（？—221）等猛将，因而也寸步不让。

关羽后来被尊为"武财神""关帝"，成为与孔子齐名的民间信仰中的神明。这可能是因为关羽出生于山西，所以人们就把他和山西的盐商联系在了一起吧。在今天的中国，关帝庙依然随处可见，在日本横滨的中华街也有一座。

关帝庙（横滨）

诸葛亮联合东吴，在刘备死后仍五次出兵魏国（北伐），于公元234年，在与魏国将军司马懿（字仲达，179—251）对战期间，殁于五丈原。北伐前，诸葛亮上书蜀汉第二位皇帝刘禅（后主，223—263年在位）的《出师表》是一篇备受赞誉的文章，闻名于世。国力落后的蜀汉若持续出兵，很明显会导致国家疲于应对，尽管诸葛亮人气很高，但他真的是一位优秀的领导者吗？关于这一点，可以看看中村愿的《三国志逍遥》。

在江南，孙坚、孙策（175—200）父子早亡，但孙策的弟弟孙权有周瑜、鲁肃（与诸葛瑾、诸葛亮一样，都是从被曹操攻陷的徐州逃出来的流亡者）等名臣的辅佐，展现出高超的外交才能。孙权曾经通过海路联络辽东公孙氏（公元238年为魏所灭，公元204年，公孙氏将乐浪郡一分为二，南部设带方郡），意图从南、北、西（蜀汉）三面攻打魏国。此外，吴国还讨伐山越（百越后裔），甚至通过海路向台湾岛及南海地区派遣了使者。对佛教也有所了解的孙权，被认为是最早将"海上中国"（海上丝绸之路）纳入视野的中国领导人之一。孙权的"海上中国"梦想，将在一千年后忽必烈的统治时期实现。

公元220年，魏国设立九品中正制（九品官人法）。这是一种选官制度，首先将中央政府的官位分为九等（官品），然后在每个郡设中正官，负责品评郡内的人才，将他们分为九等（乡品），以此作为选拔官员的依据。官品起步一般比乡品低四个品级。

这种为了吸收东汉官员加入魏国而创立的制度，很适合用来安排初入仕途（起家）的地方豪族子弟，促进了贵族的门阀化。这是因为中正官大部分也是由地方豪族担任的，而他们推荐的往往都是有权有势的豪族子弟，豪族之间又多有交际联姻，从而产生了"上品无寒门，下品无势族"的局面。从结果上看，九品中正制导致了名门贵族的门第固化。这项制度一直延续到隋朝。此后，在中国，地方豪族（贵族、地主）、儒家知识分子、高级官僚三位一体，在不断新陈代谢的同时，形成了长期的社会统治阶层。

公元237年，魏国的第二位皇帝魏明帝（226—239年在位）更改了历法。儒家认为，历法有夏历（人统）、商历（地统）、周历（天统）三统，若王朝更替，就应当更改历法。汉朝使用的是夏历，于是魏明帝采用了商历。然而，因为改历会让日常生活变得不便，所以实行过三统改历的，除了魏明帝以外，就只有王莽和武则天了。

公元238年，位于倭国某处（九州或畿内）的邪马台国的女王卑弥呼的使者来到带方郡，之后抵达洛阳，并献上男生口四人，女生口六人。一般认为，生口就是奴婢。魏国封卑弥呼为"亲魏倭王"，授予紫绶金印一枚及铜镜百枚。从儒家思想的角度看，"亲魏王"这个称号是破格授予的高位，只可能出现在魏国所在的时代。从给予周边国家近乎对等的称号这一点上，我们也可以看出三国争夺正统性的特殊时代背景。

在日本，很多人认为卑弥呼遣使发生在公元239年，但没有任何确凿的证据可以推翻《三国志》中的公元238年这一记载。这段信息被记载在《三国志·魏书》的最后一卷《乌丸鲜卑东夷传》末尾的"倭人"条（关于倭的条目）中。为了方便起见，这个条目在日本被称为"魏志倭人传"。倭国与魏国以带方郡为据点，多次遣使往来。其中记载，卑弥呼之后由十三岁的台与继位。

【通过中国的文献看古代日本】

　　倭（日本）的古代史几乎没有文字资料，编纂于8世纪初的《日本书纪》和《古事记》是最早的文献，但我们知道这些文献在编纂时经过了相当程度的加工，所以想要了解古代的情况只能依靠中国的史料和考古学。关于倭的记载，最早出现在《汉书·地理志》(成书于公元80年前后)中。书中记载，公元元年前后，倭人分为一百多个小国，其中一部分向乐浪郡派遣了使者。然后是前面提到的《三国志·魏书》(成书于公元290年前后)。再然后是《后汉书·东夷列传》(成书于公元432年之后)中的"东夷·倭"条。该书中记载了公元57年汉光武帝授予金印，公元107年倭王帅升派遣使者献上生口一百六十名，以及2世纪后半叶倭国大乱的事，并认为是卑弥呼平定了这次内乱。此外，《晋书·四夷传》(成书于公元648年前后)的"东夷·倭人"条中记载了公元266年邪马台国的最后一次进贡。

　　公元263年，蜀汉为魏国所灭。公元265年，魏国的相国（西汉刘邦设立的朝廷最高职位，第一位相国是萧何）司马炎灭魏，建立晋朝（晋武帝，在位至公元290年）。魏的皇帝继承了曹操的遗传，每一代都很优秀，但由于冷遇皇族而遭到孤立，最终在传承五代、历经四十五年后覆灭。公元280年，晋朝大将军杜预（222—284，他也是著名的历史学家）以"破竹之势"灭了吴国，为持续了约六十年的三国时代画上了句号。中国再次统一。

　　在司马家三代四人谋划着篡夺曹魏的时候，一群被称为"竹林七贤"的人逃离尘世，享受着清谈（知识分子们远离政治的哲学性谈话）和音乐，实践着老庄的无为自然思想。据说领头的阮籍（210—263）见到俗人来访，会"白眼视之"，对朋友则用青眼（普通的眼神）看并加以款待。此外，在流行清谈的那个时代，人们喜欢服用名为"五石散"的矿物型致幻剂。南北朝时期流行的炼丹术（与欧洲的炼金术类似）就是从这里开始的。

竹林七贤

再来看看北方，在北匈奴之后，掌握蒙古高原霸权的是东胡的后裔鲜卑（突厥系或蒙古-通古斯系）。公元2世纪中叶（汉桓帝统治时期），出现了一位名叫檀石槐的首领（他是由母亲吞下冰雹后生出来的，是北方游牧民族特有的天孙降临传说的英雄），鲜卑建立了可以与昔日的匈奴相匹敌的政权，反复入侵中原。

以匈奴为代表的北方游牧民族需要一定量的农耕和贸易来稳定其内部的经济。入侵中原的目的不仅仅是掠夺财物和谷物等，还在于掠夺农民和牲畜。后来，北朝系的王朝所实施的强制集体移居政策，即所谓的"徙民"，其渊源就在于此。

据记载，进入3世纪后，鲜卑另一部落出现了一位名叫轲比能（？—235年在位）的"大人"（部落首领），他施行仁政，因此有许多厌倦战乱的中原人涌入了鲜卑的治下。公元235年，轲比能被魏国派去的人暗杀，失去首领的鲜卑势力弱化。此后，拥有狼祖传说的高车（突厥系）与柔然（东胡系或匈奴系）在蒙古高原上展开了对霸权的争夺。

混乱的罗马帝国和萨珊王朝的建立

当中国处于三国时代时，欧亚大陆的西边也正在发生混乱。公元192年，罗马帝国，日渐暴虐的皇帝康茂德被暗杀，为争夺皇位，国家陷入内乱。公元193年，来自非洲的塞普蒂米乌斯·塞维鲁（在位至公元211年）取得胜利，登上帝位，开启了塞维鲁王朝。

像曾经的图拉真一样，塞维鲁多次对外征战，不仅攻陷了帕提亚首都泰西封，还在北非将异族赶到了撒哈拉沙漠的另一边，军功赫赫。他的故乡大莱普提斯建起了许多壮观的建筑。虽然帝国得以重新凝聚，但优待军人（把军人的年薪提高了近七成）的政策加重了国家的财政负担。

塞维鲁在远征地不列颠尼亚病逝后，两个儿子卡拉卡拉（211—217年在位）和盖塔继位，但两人的关系非常紧张，回到罗马的卡拉卡拉于公元212年暗杀了盖塔，并对他处以"记录抹杀刑"。古罗马广场西北端，建于公元203年的塞维鲁凯旋门上的盖塔肖像也被削去。

为了确保资金充裕，卡拉卡拉改铸了货币（降低了银含量），并于公元212年颁布"安东尼努斯敕令"，赋予所有罗马帝国境内的自由人罗马公民权。顺带一提，安东尼努斯是卡拉卡拉的本名，卡拉卡拉是他的绰号，源于他对一种高卢特有的带兜帽的披风的喜爱。

尽管"安东尼努斯敕令"被评价为是一项为了增加诸如遗产税等税收的举措，但从结果上看，它消除了罗马帝国内部的民族和人种之间的壁垒。公元213年，卡拉卡拉亲征西方边境日耳曼尼亚，这是他父亲唯一没有远征过的地方。通过支付和解金让阿勒曼尼人撤军后，卡拉卡拉动身前往东方行省，却在准备与帕提亚开战时被刺杀。至今仍保留在罗马的卡拉卡拉浴场就是他建造的。

卡拉卡拉死后，刺杀的主谋、拥有摩尔人血统的近卫队长马克里努斯（217—218年在位）登上了帝位，但塞普蒂米乌斯·塞维鲁的妻子的姐姐尤利亚·玛伊莎（165—224）声称自己的长女尤利亚·索埃米亚斯的孩子（曾担任叙利亚当地太阳神庙的祭司）是卡拉卡拉的私生子，并发动了兵变。出生于叙利亚、时年14岁的埃拉伽巴路斯（218—222年在位）得到军队的支持，恢复了塞维鲁王朝的统治。

卡拉卡拉

然而，当埃拉伽巴路斯沉迷于异常的性放纵，还试图将太阳神奉为罗马帝国的最高神祇时，他的外祖母尤利亚·玛伊莎率先放弃了他，转而支持二女儿尤利亚·玛麦亚和她的孩子亚历山大·塞维鲁。埃拉伽巴路斯与他的母亲被近卫军暗杀后，亚历山大·塞维鲁继承了帝位（222—235年在位）。

亚历山大·塞维鲁是个认真踏实的人，他致力于裁军，并努力恢复财政状况。不过，温和的新帝也和先帝一样，受制于自己的祖母和母亲。

埃拉伽巴路斯

恰巧在公元224年，自称阿契美尼德王朝后裔的阿尔达希尔一世（在位至公元241年）消灭了帕提亚帝国，建立了波斯萨珊王朝。对于罗马帝国来说，一个可怕的对手出现了。亚历山

尤利亚·玛伊莎

大·塞维鲁亲征美索不达米亚，却无奈地陷入了苦战之中。公元233年，亚历山大与萨珊王朝议和后返回罗马。次年，日耳曼人入侵高卢，亚历山大亲征，但因对日耳曼人采取绥靖政策而引发不满，和母亲一起在美因茨被叛军杀害。

至此，统治长达半个世纪的塞维鲁王朝覆灭，叛军首领马克西米努斯·色雷克斯（235—238年在位）登上帝位。被称为"三世纪危机"的军人皇帝时代开始了。到戴克里先（284—305年在位）为止的约五十年时间里，共出现了近二十位军旅出身的皇帝。

三世纪危机

在东方，公元241年即位的萨珊王朝第二代英主沙普尔一世（在位至公元272年）击败了东边的贵霜王朝，将其纳入自己的统治之下，并向叙利亚发动了进攻，叙利亚-美索不达米亚战争（242—260）开始了。约公元250年，在德干高原上曾与贵霜王朝同时繁荣起来的百乘王朝也灭亡了。公元260年，罗马皇帝瓦莱里安（253—260年在位）在埃德萨之战中战败，被萨珊王朝俘虏。

很多在这场战役中被俘的罗马士兵被发配到伊朗的第一大河卡伦河上造桥。沙普尔一世非常重视波斯湾贸易据点胡泽斯坦省的水利工程，建设了贡德沙布尔和阿瓦士等大城市。

拯救陷入困境的罗马的，是被瓦莱里安任命为叙利亚总督的帕尔米拉君主奥德奈苏斯（260—266年在位）。公元262年，帕尔米拉和罗马的联军阻止了萨珊王朝的进攻。公元270年，奥勒良即位（270—275年在位），因萨珊王朝的

被俘的瓦莱里安和沙普尔一世

进攻和来自日耳曼各部族的入侵（哥特人甚至通过海路侵入爱琴海，并于公元267年洗劫了雅典）而不知所措的罗马迎来了一位英主。

奥勒良放弃了达契亚，缩小并整顿了战线。奥德奈苏斯死后（公元266年），其妻芝诺比娅成为帕尔米拉的女王，并占领了埃及，背叛了罗马。公元272年，奥勒良重新征服了帕尔米拉。公元274年，他趁势收复了自公元260年以来独立的高卢帝国，凯旋而归。在混乱之中，原本因帕尔米拉和高卢的独立而三分的帝国再度实现了统一。元老院因此授予奥勒良"世界光复者"的称号。保留至今的罗马城墙就是奥勒良为了对付异族而建造的。

此外，为了提高人们对货币的信赖度，奥勒良还进行了货币改革，提高了银含量。在位短短五年，为了完成重建，这位皇帝一直在国内东奔西走，却于公元275年在色雷斯被部下杀害。奥勒良可能是继恺撒、哈德良之后，最后一位具有传统罗马人之魂的伟大皇帝了。

奥勒良

萨珊王朝统治时期，摩尼（约216—276）创立了一个新宗教。在当时国际化程度最高的发达地区美索不达米亚长大的摩尼，以琐罗亚斯德教为基础，吸收了犹太教、诺斯底主义、基督教、佛教等的教义并加以重构，创造了主张光明与黑暗、灵魂与物质、善与恶对立的宏大宗教。

公元242年，摩尼见到了沙普尔一世，取得了对宗教持宽容态度的沙普尔一世的理解，使摩尼教扶摇直上。摩尼拥有出众的绘画才能，他自己执笔作画，整日埋头于讲经布道。禁止吃肉、设斋月、不杀生，以简朴的生活为宗旨的摩尼教教义传播开来。对此，琐罗亚斯德教的祭司卡尔提尔只能苦涩地看着。

沙普尔一世死后，卡尔提尔讨好第四代国君巴赫拉姆一世（273—276年在位），将琐罗亚斯德教奉为国教，并处死了摩尼，令人不禁联想到陀思妥耶夫斯基笔下的大法官。不过，摩尼教一直存续到10世纪左右，对东西方世界都产生了广泛的影响。与摩尼大约同

摩尼

一时期，南印度出现了一位将"般若思想"与"空的哲学"体系化的人物——那伽曷树那（意为龙树，约150—约250）。他得到百乘王朝的庇护，开设的僧院被称为纳加尔朱纳康达（意为龙树山）。

【空的哲学】

在般若思想下，菩萨欲成佛道所需行持的六波罗蜜（六种修行）中最受重视的是般若波罗蜜（"般若"即"智慧"，"波罗蜜"即"到彼岸"）。般若的内涵是道破所有事物（一切法）都是缘起的存在（因缘生），没有不变的本体（无自性），即是空（śūnya），因此赋予事物的名称也是假名（假设）。由此产生了唯识论，即表象是空无的，只有呈现表象的人心（识）是真实存在的。

罗马帝国的变质

公元284年，罗马帝国，从普通士兵一步步晋升为近卫军统领的戴克里先（284—305年在位）在军队的拥戴下在尼科米底亚即位。因为前任皇帝努梅里安（283—284年在位）在从波斯战场返回的途中死了。

公元286年，戴克里先任命知根知底的战友马克西米安为共治皇帝（正帝，奥古斯都），负责治理帝国西部，公元293年又任命君士坦提乌斯和伽列里乌斯分别为西部和东部的副帝（恺撒），开始了所谓的四帝共治（Tetrarchy）。在既要抵御来自莱茵河、多瑙河对岸的日耳曼尼亚地区各部族（哥特人于3世纪在黑海沿岸登场）的入侵，又要抵挡萨珊王朝的攻势的形势下，他或许认为这是唯一的解决办法吧。

为了应对各部族的攻势，四位皇帝都把自己的大本营设在了前线附近，首都罗马的重要性逐渐下降。东部正帝戴克里先的大本营在尼科米底亚，副帝伽列里乌斯的大本营在夕米南（位于多瑙河附近，今塞尔维亚斯雷姆斯卡米特罗维察），西部正帝马克西米安的大本营在米底奥兰努姆（今意大利米兰），副帝君士坦提乌斯的大本营在奥古斯塔特列维罗拉姆（今德国特里尔）。

尽管戴克里先的大权并没有被动摇，但由于皇帝变成了四位，罗马传统的"小政府"就不可避免地变成了"大政府"。在此基础上，为了增强军备，戴克里先还扩充了官僚机构以增加税收。公元287年，名为Capitatio-Iugatio的新税制开始实施。Capitatio意为劳动力，所以这是"人头税"。Iugatio是耕地的意思，相当于"土地税"。也就是说，这是一种以全国统一的土地登记为前提的单一税制。

尽管税收趋于稳定了，但从结果上来看，农民被绑在了土地上。这也为后来的农奴制打下了基础。这一税制一直沿用到7世纪末。此外，戴克里先还将行省重新划分成100个左右，将军政和民政分离开来。这样一来，行省总督的权限被削减（军事由军队的司令官负责），行省也就很难独立了。这一制度一直延续到7世纪，直到被"塞姆制"（又称"军区制"，军政和民政都由军区将军负责的制度）取代。

在恺撒所构想的罗马帝政下，皇帝只是罗马第一公民，没有皇冠和紫袍之类的东西，而且在战争期间御驾亲征也是常事。这样的政治体制一般被称为"元首制"（Principatus）。与之相对，戴克里先开创了一套新体系，皇帝成了坐镇宫殿深处的绝对权力者。

至此，罗马帝国才脱离恺撒的伟大设计，蜕变成了一个不再以罗马为轴心，而是以富饶的东方为轴心的新帝国。新政体被称为多米那特制（绝对君主制）。在戴克里先的改革之下，源于优待军队的塞维鲁王朝的军人皇帝时代宣告结束，罗马帝国度过了"三世纪危机"，将会再存续千年以上。

晋的南迁

于公元280年统一了中国的晋武帝（司马炎，265—290年在位）为了让国家从战乱状态回归日常状态，实行了一系列措施，包括让兵士归农，废除曹操时期的屯田制，开始推行基于占田、课田制的户调式（由人头税改为以户为单位征税）等。虽是篡位者，但司马氏也并非没有经世济民之志。不过，在统一中国后，晋武帝对政治失去了兴趣，耽溺于享乐之中，留下了"羊车望幸"的故事。晋朝贵族也纷纷效仿皇帝，奢靡放荡成风，绚烂豪华的贵族文化蓬勃发展。石崇

【"羊车望幸"的故事】

晋武帝司马炎在灭吴之时，也吞并了吴国的后宫，因此他的后宫有上万佳丽。他常常坐着羊车巡游后宫。一个宫女为了让羊车停在自己的宫苑前，就在门口洒上了羊爱吃的盐水。据说花街柳巷里放置盐堆的习俗就是来源于此。

（249—300）和王恺（生卒年不详）以蜡代薪、用糖水刷锅等争豪斗富的故事相当有名。

晋武帝的羊车停在洒了盐水的宫门口

左思（250—305）的《三都赋》（介绍魏蜀吴三国概况，"三都"指三国的都城）风靡一时，导致"洛阳纸贵"。但是也有人认为，纸是到了5世纪初的东晋时期才取代竹简、木简和布帛，成为主要书写材料的。

晋武帝于公元290年去世，西晋第二位皇帝，愚钝的晋惠帝继位（290—307年在位）。在他统治期间，皇族内部爆发了一场权力之争，史称"八王之乱"（291—306）。晋武帝将曹魏时期严格的皇族政策（抑制宗室政策）视为反面教材，将兵权授予身为皇族的司马一族，并将他们分封到各地（担任都督，驻扎要地，以防备北方游牧民族。这其中最有权势的八人就是世人所说的"八王"），意图让宗室成为皇室的藩屏（承担守护之责），结果却适得其反。

趁此混乱之际，从东汉、三国时代开始就以佣兵等形式移居中原的匈奴和鲜卑人开始有了独立的想法。公元304年，南匈奴单于的后裔刘渊（304—310年在位）在山西自立，建立了"汉"（304—329，公元319年改国号为"赵"）。汉室与匈奴宗室之间曾有过通婚，颇有学识的刘渊大概满怀复兴汉朝的抱负吧，为此他多次企图攻打洛阳。

面对"汉"的进攻，晋向鲜卑的拓跋部和慕容部求援。这成了鲜卑人开始南下的重要原因。同样在公元304年，氐族的李雄（304—334年在位）在成都自立（"成汉"，304—347）。就这样，所谓的五胡十六国时代（304—439）开始了。顺带一提，由于"五胡"一词是蔑称，所以这个时期也被称为东晋十六国时代。

公元311年，刘聪（"汉"第三代皇帝，310—318年在位）的汉军攻陷了晋的首都洛阳（永嘉之乱），晋朝名存实亡。也就是说，匈奴掌握了中国本土的政权。晋朝第三位皇帝晋怀帝（307—311年在位）被带至汉都平阳（大同），于公元313年被刘聪处死。同年，朝鲜半岛的乐浪郡、带方郡也因被高句丽等攻陷而覆灭。当时的中国因为国内的战乱忙得不可开交，大概根本无暇顾及朝鲜半岛吧。

至此，一直陷于中国巨大威势之下的朝鲜半岛和倭人开始寻求独立。在乐浪郡和带方郡任职的中国官员，想必也会为了寻求新出路而推销自己。他们将为朝鲜半岛和倭国的政治和外交提供一臂之力。一般认为，百济的建国发生在4世纪前半叶，近肖古王（346—375年在位）的名字首次出现在中国的史书中。而新罗方面，奈勿尼师今（356—402年在位）以后的历史被认为比较有真实性。

4世纪后半叶，在五胡大举进入中原的约半个世纪后，欧亚大陆的西方也开始了各部族的大迁徙，其中匈人（被认为是北匈奴的后裔）的登场成了直接的导火索。气候变化等因素导致北方草原地带的居住环境恶化，游牧民开始南下，这恐怕是背后最根本的原因。研究表明，从东汉时期到5世纪，气温一直在下降。

五胡十六国与西方各部族的大迁徙同根同源（为躲避这场灾祸，中国迁往南边，罗马则迁往东边）。从北魏到隋唐的鲜卑政权和查理曼①（查理大帝）建立的法兰克王国，都是在迁徙中历经各部族的逐渐同化并在部族间竞争中胜出后最终建国的，在这个意义上，也可以说是同根同源的。

顺带一提，五胡指的是匈奴、鲜卑、羯、氐、羌这五个少数民族，也有一种观点认为羯只是匈奴的一支，而五胡这个词来自五行说。这些少数民族从汉朝和三国时代开始，就已经长年居住在中原了。

公元316年，据守长安的晋被刘聪的军队彻底消灭。晋皇族琅邪王司马睿（公元307年与琅邪的大贵族王导一起被派往建业）自立为王，以昔日吴国都城建康为都城，建立了

---

① "曼"即大帝之意。

东晋（317—420）。这之前的晋朝从此被称为"西晋"。虽然西晋统一了中国，但仅仅维持了三十年。

登基后的司马睿（晋元帝，317—322年在位）开始正式着手对江南的开发。正如华北有关东（洛阳）、关中（长安）两个核心一样，江南也有两个核心。拥有天然屏障长江的保护，江南对来自北方的攻击有很强的抵御力，但对来自长江上游的攻击，抵御力却很弱。实际上，从楚到南宋，江南的政权所受到的致命打击也的确都来自长江上游。

因此，首都建康附近（北府）和长江中游的荆州（西府）的两个军团成为东晋防御的关键。东晋时期涌现了王导（267—339）、谢安（320—385）等名相，帮助东晋渡过了因北伐而颇有声望的西府领袖桓温（312—373）发动的篡位危机。

罗马帝国的东迁及基督教的扩张

公元305年，戴克里先退位，隐居在充满阳光的斯普利特（今克罗地亚境内）。他的宫殿保存至今，被列入了《世界遗产名录》。在罗马皇帝之中，能享受悠闲自在的退休生活的恐怕也只有他了。四帝共治虽然得以延续，但少了拥有绝对权威的皇帝的四头政治是不可能顺利运转的。四个皇帝反目成仇，引发了内乱。

公元306年，君士坦丁一世（君士坦提乌斯之子，306—337年在位）在军队的拥戴下在高卢即位，并于公元

324年打败了最后的对手李锡尼（东部正帝，308—324年在位），结束了四帝共治。因为君士坦丁一世曾以高卢为大本营，所以追随他的文武百官大多是高卢人。这样一来，帝国西部的优秀人才都跟着皇帝跑去了东部。高卢也因此陷入了人才短缺的窘境。

一直以来，罗马帝国的公民信奉的宗教多种多样，其中，从波斯传入的密特拉教（伊朗的太阳神密特拉在巴比伦尼亚与弥赛亚思想结合后传入罗马。崇拜屠牛的密特拉神，在入会仪式上会喝象征牛血的葡萄酒）和从埃及传入的伊西斯信仰（崇拜奥西里斯的妹妹兼妻子伊西斯女神。伊西斯多以把孩子——荷鲁斯神——抱在膝上的形象出现）尤为兴盛。

密特拉像（卢浮宫藏）

知识分子阶层则多为斯多葛派和伊壁鸠鲁派。不过，以团结著称的基督教也在罗马的民众中不断扩大势力。

此外，就像后来异教的神殿都被改成了教堂一样，基督教极为大胆而巧妙地借用了异教的做法。密特拉神的诞辰被改成了圣诞节，有面包和葡萄酒的弥撒也几乎原样照搬。伊西斯被换成了玛利亚，把耶

正在哺乳荷鲁斯的伊西斯

稣抱在膝上的圣母子像就出现了。光环和耶稣的肖像则分别借用了埃及神话中的哈托尔女神的太阳圆盘和天神宙斯的形象。

作为一个世界帝国，罗马帝国在宗教方面继承了阿契美尼德王朝的方针，以宽容为宗旨，原则上没有对任何宗教施加过迫害。只不过，据说基督教徒有时会拒绝履行罗马公民的义务（服兵役等），因而被处以刑罚的情况相对较多。公元303年，逃避兵役的基督教徒令戴克里先感到棘手，于是他下令对基督教进行镇压，但效果并不显著，帝国西部和东部分别于公元305年和311年终止了这项行动。

公元313年，东部正帝李锡尼在尼科米底亚颁布敕令，认可信仰自由。这份敕令一般被称为"米兰敕令"，尽管人们并没有找到它在米兰被公示过的证据。或许因为两位正帝会谈的地点在米兰，所以被称为米兰敕令，又或许是基督教徒为了表彰君士坦丁一世才这么叫的。西部正帝君士坦丁一世也同意发布这一敕令，基督教徒后来将这一事件作为君士坦丁大帝的丰功伟绩大肆宣传。

除了"耶稣受难""耶稣复活"之外，基督教的主要教义还包括"处女怀胎"和"圣母无染原

【处女怀胎】

《马太福音》和《路加福音》中都有关于圣母玛利亚处女怀胎的记载。在《马太福音》中，大天使加百列向玛利亚传达她将受孕的消息时所说的话取自希腊语译本"七十士译本"中的《以赛亚书》："看吧，那童女必怀孕生子；人必给他起名叫'以马内利'。"这里所用的"童女"在希伯来语中是年轻女子的意思，但在"七十士译本"中，该词被翻译成了"处女"的意思。也就是说，"处女怀胎"这一教义可能来源于一个翻译错误。

罪"。"圣母无染原罪"是指圣母玛利亚因神的恩宠，在她母亲安娜的腹中成胎之初就避免了沾染原罪。说白了，这两个教义背后讨论的其实是耶稣是人还是神的问题。亚历山大城主教阿里乌斯（250—336）主张耶稣是人的儿子，没有神性，这一思想曾给基督教会带去很大的混乱。

君士坦丁一世需要一个统一的基督教会作为统治帝国的工具，所以于公元325年在尼西亚召开了第一次公会议（全体教会参加的会议，不过出席的几乎都是帝国东部的教会）。在这次会议上，亚历山大城主教阿塔拿修（293—375）非常活跃，"三位一体"的教义（圣父、圣子耶稣和圣灵是一体）被认定为正统的决议获得通过。这一教义被称为"尼西亚信条"。不过，混乱并没有就此结束，之后又出现了反转，阿里乌斯的名誉得到恢复，阿塔拿修遭到迫害，等等，教会的动荡并没有在短时间内得到平息。

公元330年，君士坦丁大帝迁都拜占庭，并将这个罗马帝国的新首都更名为君士坦丁堡。要想与罗马帝国的主要敌人、强大的萨珊王朝对峙，罗马城实在是太遥远了些。正如百年前卡拉卡拉试图远征帕提亚并在叙利亚度过了统治的后半期一样，自从重视军团并将重心放在东方的塞维鲁王朝建立以来，罗马皇帝驻跸东方已经是再自然不过的事情了。

这样一来，巴尔干地区作为帝国首都的腹地，其重要性就提高了。顺带一提，"巴尔干"是土耳其语，意为山脉。奥斯曼帝国将位于多瑙河以南的斯塔拉山脉称为"巴尔干"。

从很久前开始，意大利半岛的城市人口就在减少，农业生产也日渐低迷。迁都到富饶的东部，也可以说是一种直面现实的表现。而且，比起从粮仓埃及把谷物运到罗马，运到君士坦丁堡看起来更为合理。

君士坦丁一世完成了戴克里先在东部建立专制帝国的宏伟计划。新的罗马皇宫里宦官成群。不过，皇帝常驻君士坦丁堡是直到4世纪末的狄奥多西一世才开始的，迁都并不是一蹴而就的。

君士坦丁一世还进行了货币改革，发行索利都斯金币（solidus），取代之前的第纳尔银币。这是一种纯度很高的金币，之后也保持住了这样的高纯度，因此被当作中世纪的"美元"运用于商贸之中。这种金币在罗马帝国被称为"诺米西玛"，直到11世纪仍作为国际货币广泛流通。据说"soldier"（士兵）一词的就是从这里来的，原意是为了索利都斯金币而战斗的人。此外，美元的符号"$"据说也起源于索利都斯金币。

公元332年，埃塞俄比亚所罗门王朝的阿克苏姆国王埃扎纳（以世界最高的由整块岩石雕成的石柱而闻名）接受了基督教。公元340年，哥特人接受了阿里乌斯教派，基督教开始大幅传播。公元337年，君士坦丁一世去世前在尼科米底亚接受了阿里乌斯教派的洗礼。无论是功绩还是品格，君士坦丁一世都无法与哈德良、奥勒良等杰出的皇帝相提并论，他之所以能被称为"大帝"，大概是因为对基督教的优待吧。基督教是一神教，以往的"神君"称号是不能再使用了。后来得到"大帝"称号的事实上也只有优待基督教的狄奥多西一世和查士丁尼一世。君士坦丁一世建造并捐赠了罗马的圣彼得大教堂和耶路撒冷的圣墓教堂，免除了神职人员的公务和赋税。在此基础上，君士坦丁一世还正式认可了教会财产的继承权，这对基督教来说是莫大的福音。这一举措使得富裕阶层开始纷纷皈依基督教。

传说在公元312年，在西部与马克森提乌斯争夺帝位的决战——米尔维安大桥战役前夜，君士坦丁一世在梦中得到指示，让他在翌日的战斗中高举十字架旗，他照做了，结果取得了压倒性的胜利。而他的母亲海伦娜在耶路撒冷发现了耶稣受十字架刑时使用的圣十字架。诸如此类，基督教创造了许多塑造君士坦丁一世庄严形象的神话，用于传教。

他们当然也对君士坦丁一世之前的罗马帝国的迫害进行了大幅渲染加工，也没有忘记宣传当时出现的很多殉教者。这样一来，前后就形成鲜明对比，君士坦丁一世的伟大之处也就凸显出来了。《教会史》作者、希腊神父优西比乌（263—339）所著的《君士坦丁传》就是其中的代表。

中国方面，晋朝的竺法护（大月氏人，生于敦煌，239—316）对佛经进行了汉译，佛教开始向中国传播。人们将这个时代的汉译佛典称为古译。公元310年，高僧佛图澄（232—349年）从西域来到洛阳。佛图澄受到后赵（319—351，羯族人建立的政权）的石勒（319—333年在位，中国历史上唯

——一个从奴隶变成开国皇帝的人物）和石虎（石勒的侄子，后赵第三位皇帝，以荒淫残暴留下恶名，334—349年在位）的敬奉，并被石勒授予"大和尚"称号。

西域僧人受到异族（五胡）领袖的敬奉并努力传教，这是中国接纳佛教的起点。不过，在中原建立王朝的异族可能也需要某种精神寄托来对抗压倒性的中华文明吧。另外，还有一种可能，就是在乱世之中，宣扬来世能获得救赎的佛教打动了老百姓的心灵。佛图澄虽然没有汉译佛典，但致力于培养后辈，他门下名僧辈出，涌现出了诸如为中国佛教奠定基础的释道安（314—385）等人物。

佛图澄

石勒

笈多王朝的兴盛

公元275年左右，伐卡塔卡王朝（约275—530）在印度德干高原兴起。约公元310年，普拉瓦拉森那一世（275—335年在位）在位期间，德干高原大半地区已经被纳入其统治之下。正好也是那段时间，笈多王朝在恒河流域崛起。公元320年，旃陀罗·笈多一世（320—330年在位）建立了笈多王朝，结束了贵霜王朝衰落后持续了上百年的小国林立时代。

笈多王朝与昔日的古印度大帝国孔雀王朝一样，将首都设在了华氏城，信奉毗湿奴神，将印度的通用语——梵语定为官方语言，但对宗教采取宽容政策。

第二代君主、"海护王"沙摩陀罗·笈多（约330—375年在位）也是一位有能力的君主，他统一了北印度，还出兵德干高原。为了庆祝大国的建立，沙摩陀罗·笈多举行了婆罗门传统的盛大祭祀仪式——马祭（以骏马为牺牲，展示强大王权的祭礼）。此外，约公元300年左右，印度的两大不朽史诗《摩诃婆罗多》和《罗摩衍那》问世。

第四代君主旃陀罗·笈多二世（超日王，约380—415年在位）杀了第三代君主、亲兄长罗摩·笈多后登上帝位。从建国开始就英主辈出的笈多王朝，在他的时代迎来了全盛期。约公元394年，旃陀罗·笈多二世将女儿嫁给了伐卡塔卡王国的国王，通过联姻稳定了南部边境后，挥师进入西印度，打败了盘踞在这片土地上的塞种人，进一步扩大了领土。这一次征服也让他们掌控了与罗马有贸易往来的西海岸古吉拉特各港口，进一步加速了笈多王朝的繁荣。

与贵霜王朝一样，笈多王朝也发行了大量金币。在笃信毗湿奴神的笈多王朝治下，将婆罗门教与本土信仰融合在一起的印度教基本成形。东晋僧人法显（337—422）就是在这个时代到访印度的。

得益于政治的稳定和经济的繁荣，笈多王朝统治下的印度，文化蓬勃发展，与中国的六朝文化大体上处于同一时期。这两种文化无疑都是当时世界上最先进的文化。著有《沙恭达罗》的诗圣迦梨陀娑被称为印度的莎士比亚。正统婆罗门哲学体系的六个学派（六派哲学）在这个时代基本形成。

佛教方面，阿僧伽（无著，310—约390）、婆薮槃豆（世亲，320—约400）兄弟创立了唯识学派。再后来，南印度的菩提达摩（中国禅宗的始祖，？—528）和西印度的波罗末陀（真谛，499—569）经

雪舟《大达摩像》（岐阜县禅昌寺藏）

海路来到中国，对中国佛教界产生了巨大的影响。

第五代君主鸠摩罗·笈多一世（约415—455年在位）在古摩揭陀国都城王舍城近郊创建了那烂陀寺（世界遗产），作为佛教的国际中心闻名于世。放到现代来说，那大概就相当于聚集了全球人才的哈佛大学。不久后，唐朝僧人玄奘和义净也会到访此处。

佛教美术方面，在鹿野苑和马图拉诞生了被称为笈多风格的优雅佛像。此外，被誉为人类瑰宝之一的阿旃陀石窟的

佛教壁画也是在伐卡塔卡王朝的诃梨西那王（462—481年在位）时期绘制的。自然科学方面，涌现了计算出圆周率和恒星年的阿耶波多（476—?）和对地球、月球、诸行星的运行做出阐释的伐罗诃密希罗（505—587）等大天文学家。他们的领先成就离不开以十进制、零和印度数字为特色的先进的印度数学的帮助。

位于欧亚大陆中间的印度，贸易自古以来就很繁荣，贸易需要精确的计算，商业的发达与数学的发展之间想必不会没有关联。印度的数学和由印度数字演变而来的阿拉伯数字将在不久之后传到欧洲。另外，位于德里的世界遗产顾特卜塔建筑群中的那根纯度接近100%的大铁柱则充分显示了笈多王朝时期冶金技术的高超。

到了第六代君主塞建陀·笈多（约455—470年在位）统治时期，来自北方的阴云开始笼罩这个国度。被称为"胡纳"（嚈哒）①的游牧民族开始入侵印度西北部。尽管塞建陀·笈多击退了胡纳，但在头罗曼（515—528年在位）及其子摩醯逻矩罗（528—542年在位）统治期间，胡纳再次入侵并夺取了印度西北地区。笈多王朝的黄昏来了。

随着印度西北部这一东西交通要道的丧失，交通网被切断的印度北部城市开始衰落。这也意味着以城市居民为基础的佛教的衰退。笈多王朝之后，货币几乎不再发行，从这一

---

① 即白匈奴，在中国被称为"嚈哒"。

点上也可以看出城市的衰退。

此外，据说在笈多王朝时期，从雅利安人的四种瓦尔那（Varna）发展而来的对通婚、共食有所限制的职业世袭体系，即后来的种姓制，已经基本成型。顺带一提，"种姓"（Caste）一词源于葡萄牙语，是"血统"的意思。在四种瓦尔那之下，还有被称为"达利特"的贱民，低种姓和达利特被细分为两千种职业。种姓之间的流动和通婚是不被允许的，父母是什么种姓，孩子也是什么种姓。

然而，在轮回转世的思想之下，人们怀着"只要现世忠于种姓制度，来世就能成为上层种姓"的希望，由此，种姓制度在印度社会深深地扎下了根。

诸部族的入侵及罗马的东西分裂

公元309年，萨珊王朝的沙普尔二世（309—379年在位）即位。公元337年，沙普尔二世对罗马开战。公元363年，罗马皇帝尤利安（361—363年在位）战死，双方签订了为期30年的和平条约。因辻邦生的名作《背教者尤利安》而广为人知的尤利安改变了对基督教的优待政策，试图将罗马拉回到规定信仰自由的"米兰敕

尤利安

令"的原点。他或许是意识到了与国家权力融为一体的一神教的弊端吧。

此外,他还遣散宦官,试图恢复"小政府"。尤利安登基后,罗马的传统似乎一度有了复苏的迹象,但由于他的英年早逝,这一切也都只是昙花一现而已。尤利安虽然意图好好对待传统的希腊和罗马诸神,但绝对没有迫害过基督教徒。然而,毫不留情的基督教徒却给他冠上了"叛教者"的称呼。

公元 375 年左右,匈人(被认为可能是北匈奴的后裔)的西迁引发了多米诺骨牌效应,导致哥特人越过了多瑙河。诸部族的大迁徙开始了。过去人们曾使用过"日耳曼民族大迁徙"这一说法。但是,日耳曼民族中最具代表性的哥特人、汪达尔人、法兰克人、撒克逊(萨克森)人、伦巴第人等部族,除了都属于印欧语系日耳曼语族以外,没有任何共通之处。而且,印欧语系日耳曼语族以外的诸多部族也在迁徙,所以"诸部族大迁徙"的说法被认为更为准确。东方各部族分成了被罗马人称为"cīvitās"的五十多个部族集团,到了 4 世纪后半期,合并为十余个大部族(stamm),大迁徙是以大部族为单位进行的。

公元 379 年即位的罗马皇帝狄奥多西一世(379—395 年在位)为了抵抗入侵的异族,更加依赖基督教的力量,并于公元 380 年将基督教定为罗马帝国的国教。这背后,有政治能力卓越的米兰主教圣安波罗修(340—397)暗中的出谋划策。因为有着将基督教国教化的功绩,狄奥多西一世也被基督教徒

狄奥多西一世

安波罗修
（米兰圣安波罗修教堂的马赛克画）

冠以"大帝"称号。除此以外，安波罗修还将丰保圣人制度化等，成功推动了基督教会的组织化，是古代四大杰出的"教会博士"之一。

由于诸部族的入侵，罗马的道路被切断，首都无法得到地方的情报。而且，罗马帝国派驻地方的机构最先遭到了袭击。因为那里储存着武器和粮食。说白了，这就相当于高速公路和铁路网被阻断，县政府和市政府被袭击，陷入无法运转的状态。但是，相对而言，基督教的教堂却没有受到什么损坏。这是因为人们一旦听说这些地方是神明的家，害怕遭报应的心理就会起作用，哪怕是异族也会犹

【教会博士】

授予罗马教会中学识尤为渊博、成就尤为卓著的圣人的称号，至今有三十五人获封。该称号最早由教皇卜尼法斯八世于公元1295年授予四位拉丁教父，他们分别是安波罗修、奥古斯丁（希波的奥古斯丁，以《忏悔录》闻名，354—430）、哲罗姆（因《圣经》的拉丁语译本"武加大译本"而闻名，347—420），格里高利一世（教皇，以"格里高利圣咏"闻名，540—604）。

豫要不要去抢掠。

安波罗修恐怕私下说过，他可以提供一个完好无损的基督教会网络吧。正如强敌萨珊王朝的背后有琐罗亚斯德教一样，如今，罗马帝国也到了没有基督教的帮助就无法保住皇帝宝座的境地了。

狄奥多西一世于公元381年在君士坦丁堡召集了第二次公会议，再一次确认"三位一体说"为正统教义，并于公元382年允许西哥特人在帝国境内定居，与其缔结同盟关系。随后在公元391年，狄奥多西一世颁布了全面封锁异教神殿及禁止供奉行为的敕令。由于这道敕令的颁布，从公元前776年开始就持续举办的古代奥运会迎来了终结。犹太教的祭典成了唯一的例外，大概因为考虑到犹太教是和基督教信奉同一个神的一神教吧。

狄奥多西一世其实做了与秦始皇焚书坑儒、日本明治时期废佛毁释相同的事情。装饰街道的精美诸神雕像被全部摧毁。公共图书馆也遭到关闭。因为其中收藏的大部分书籍都与基督教徒无关。希腊罗马时代的藏书散失，过去辛辛苦苦积累起来的人类文化遗产遭到了严重的破坏。罗马帝国和基督教并没有像秦朝那样在短时间内灭亡，因此希腊化时代涌现的各种古典、古代思想和文化被完全扼杀。也有人认为，黑暗的中世纪就是从这里开始的。

不过，与中国不同，幸运的是，就像椭圆的焦点一样，古希腊文化（Hellenism）拥有东西两个据点。即使西方的雅典和亚历山大被摧毁,东方的美索不达米亚还在。萨珊王朝虽然以琐罗亚斯德教为国教,但仍继承了阿契美尼德王朝的传统,大体上是一个不进行思想和宗教控制的帝国。

世界帝国必得搜集万卷藏书,尼尼微图书馆源远流长的传统得到了传承。在波斯保存下来的古典文明,历经伊斯兰王朝,终于在文艺复兴时期的欧洲被重新发现。

此外,基督教彻底改变了葬礼的形式。在古代世界,活人和死人是被明确区分开的。通常,死人的城市(necropolis)位于活人居住的城市外的郊区,死者会被火化(英雄阿喀琉斯也被庄严地火化了)。当时,阿拉伯南部出产的乳香和没药非常受欢迎,示巴(赛伯伊王国)等阿拉伯半岛南部地区一度非常繁荣。

与此相对,基督教在彼得的坟墓上建造了教堂。也就是说,死者被安置在了城市的中心。到了这里,离圣髑崇拜,只有一步之遥了。为了给最后的审判做好准备,死者开始被土葬。曾有"幸福阿拉伯"之称的阿拉伯半岛南部的繁荣一去不复返。

公元395年,狄奥多西一世去世后,罗马帝国被一分为二。分界线与现在塞尔维亚和波黑的国界线基本一致。显然,东部帝国被认为继承了正统罗马的衣钵。两者之间的关系就好比镰仓幕府(东)和六波罗探题(西)①——这样一说

---

① 六波罗探题是镰仓幕府设置在京都的行政机关首领,由于镰仓在东,京都在西,所以六波罗探题相当于镰仓幕府在日本西部的代表。

就很好理解了。面对诸部族怒涛般的入侵攻势，富饶的东罗马终将抛弃穷困的西罗马。

上文提到的尤利安在登上皇位之前，曾将卢泰西亚（巴黎）作为自己的大本营。他也像君士坦丁一世一样带着高卢的文武精英去了东方。在不到半个世纪的时间里，西方经历了两次大规模的人才流失。在这种情况下，诸部族再蜂拥而至的话，罗马帝国似乎的确没有其他选项了。

东亚的政治动荡和文化繁荣

公元316年，汉国刘聪（310—318年在位）派兵攻占长安，西晋灭亡。然而，刘聪死后，改国号为赵（前赵）的汉国国势日颓，于公元329年被石勒（319—333年在位）所灭。石勒出身羯族，曾一度沦为奴隶，公元319年脱离前赵，建立后赵。

后赵在第三代君主石虎（334—349年在位）的统治时期达到了鼎盛。石虎以残暴无道留下恶名，他没收汉人的财产，建造了一座又一座宫殿。不过，他和石勒一样热衷于保护佛教。前文也提到过，他把佛图澄奉为国师，优待有加。公元351年，后赵被石虎的养孙、汉人冉闵（？—352）所灭。

后赵灭亡后，氐族人苻健（351—355年在位）建立的前秦（351—394）掌握了华北的霸权。苻健的侄子、与尤利安同时代的前秦第三位君主苻坚（357—385年在位）是一位有理想主义气质的英主，他重用汉人宰相王猛（325—375）等人，到公元376年时已基本统一了华北。苻坚还想趁势统一中国，但在公元383年的淝水之战中败给了东晋。

理想主义者苻坚赦免了投降的汉人敌将，并将他们编入自己的军队。他乐观地认为，这些人会像儒家教诲的那样，感念他的恩德，拼命奋战，但在最后关头，这些人背叛了他，因为由名相谢安主政的东晋政权才是汉民族的本家。听到捷报时，谢安正在和客人下围棋，他面不改色地继续对局。不过，据说送走客人后，他欢欣雀跃，连木屐的屐齿断了都没注意到。

此外，应佛图澄的高徒释道安的请求，从西域的龟兹将名僧鸠摩罗什（344—413）请来的也是苻坚。但是，还没

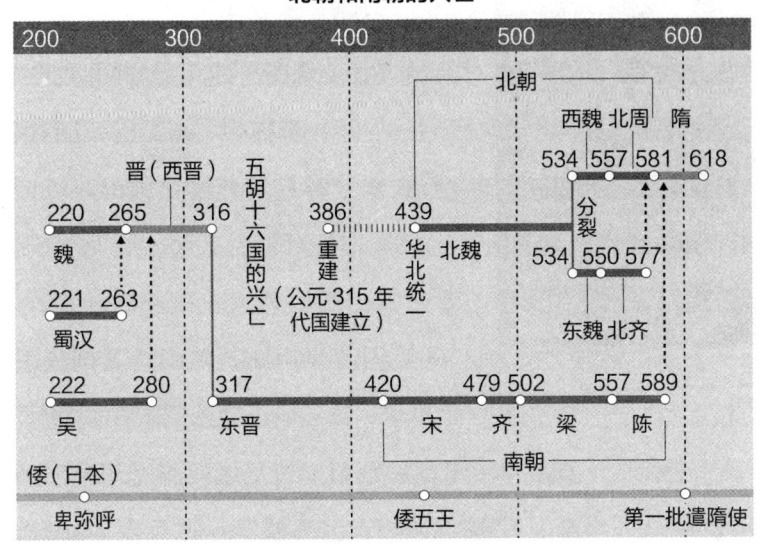

北朝和南朝的兴亡

220—265	魏
221—263	蜀汉
222—280	吴
265—316	晋（西晋）
317—420	东晋
386—439	北魏（华北统一）；五胡十六国的兴亡，重建（公元315年代国建立）
534—557	西魏
557—581	北周
581—618	隋
534—550	东魏
550—577	北齐
420—479	宋
479—502	齐
502—557	梁
557—589	陈

北朝：西魏、北周、隋
南朝：宋、齐、梁、陈

倭（日本）：卑弥呼、倭五王、第一批遣隋使

等到鸠摩罗什，苻坚的梦想就破灭了。公元385年，苻坚被曾一度投至自己门下的后赵将领、羌族人姚苌（后秦开国皇帝，384—393年在位）所杀。

尽管江南无论在政治上还是军事上都远不及华北的五胡政权，饮茶等优雅的贵族文化却开始蓬勃发展。这种文化被称为"六朝文化"。"六朝"是指三国时代的孙吴、东晋以及南朝时期的四个王朝。公元353年，三月初三，一场曲水流觞的宴会在绍兴的兰亭举行。宴会的主人、"书圣"王羲之（东晋宰相，王导的堂侄，303—361）所作的《兰亭序》成为书法史上最有名的作品。行书和草书，经王羲之之手日臻完善。

王羲之《兰亭序》

楷书的成熟则要晚一些，是唐朝初期的事情了。王羲之和其子王献之（344—386）被后人并称为"二王"。绘制《女史箴图》的东晋画师顾恺之（344—409）被称为"画圣"。还有因《归去来兮辞》和《桃花源记》等闻名的陶渊明（陶潜，365—427）是流芳后世的田园诗人。祖冲之（429—500）因改良历法，精确计算圆周率而闻名。

在华北，公元401年，后秦第二位皇帝姚兴（394—416年在位）将鸠摩罗什迎入了长安。鸠摩罗什拥有印度血统，为丝绸之路沿途的龟兹国人氏。姚兴是热忱的佛教徒,在他统治期间,佛教第一次受到了国家的保护。鸠摩罗什翻译了大量佛经(被称为旧译,相对于玄奘的新译),同时培养了三千多名弟子,是中国佛教史上最有功绩的人士之一。

顾恺之《女史箴图》(局部)

现在,日本佛教界使用的许多佛经其实都可以追溯到鸠摩罗什。"色即是空"是鸠摩罗什的名译之一。

东晋僧人法显不满足于译典,虽年过花甲,仍怀有雄心壮志,他经陆路前往遥远的印度,踏上了取经求法之旅(399—412)。幸运的是,当时的印度正处于笈多王朝的鼎盛期——旃陀罗·笈多二世的时代。这次长途旅行的记录被整理成了《佛国记》。不过,据说经历了艰苦的长途旅行后,这支十多人的队伍,只剩最年长的法显和他的随从自海路回到了祖国。

朝鲜半岛三国时代的开始

在朝鲜半岛,三国时代即将开始。大约公元前 1 世纪左右,与通古斯系的扶余同出一脉的高句丽政权建立,地跨今中国东北地区至朝鲜半岛北部鸭绿江一带。公元 32 年,高句丽首领被东汉光武帝册封为"高句丽王"。蛰伏多年,高句丽熬过了割据辽东的公孙氏(189—238)和灭掉公孙氏的曹魏的攻击,趁着晋朝末年的混乱,于公元313年攻破乐浪郡和带方郡,企图崛起成为强国。

在这两郡供职的中国官员们,或有汉语读写能力,或有高超的技艺,因此受到朝鲜半岛各国以及倭国的赏识,在与中国的外交等场合中发挥了重要作用。但是,公元342年,中国的前燕(鲜卑族慕容氏建立的政权,337—370年)攻陷了高句丽的首都丸都城,故国原王(331—371年在位)只得被迫臣服。

由汉武帝于公元前108年设置的乐浪郡等汉四郡(公元204年被公孙康整合为乐浪郡和带方郡),在此后的四百年里作为中国的驻外机构,在朝鲜半岛上有着无可比拟的存在感。朝鲜半岛和日本诸国都只能仰其鼻息。公元313年乐浪郡和带方郡的覆灭,增加了朝鲜半岛各国自立的机会。

朝鲜半岛西部的百济(以今韩国首尔为中心)和东部的新罗(以今韩国庆州为中心)的建国时间尚不明确。出现在中国史书中的第一位百济王是近肖古王(346—375年在位),他于公元366年与新罗缔结了第一次罗济同盟(持续至4世纪末),又在公元369年赠予倭国七支刀(现藏于石上神宫)。为了对抗高

七支刀

句丽，在新罗的基础上，百济还试图与倭国结盟。这把七支刀上的铭文，是揭示倭国与大陆的关系的最古老的宝贵文字资料。

倭国当时很需要小国林立的朝鲜半岛南部（被称为伽倻诸国）出产的铁矿，因此与百济结盟可以说是正中下怀。

在与新罗和倭国结成同盟后，百济变得强势了起来，于公元371年攻入高句丽的首都丸都城，因与前燕的战争而疲惫不堪的故国原王被杀。在困境中苦苦挣扎的高句丽，向覆灭前燕的前秦臣服。公元372年，佛像经文自前秦传入高句丽，佛教开始在当地兴起。

公元384年，百济也从东晋引入了佛教。或许他们是觉得既然高句丽亲近北朝，那么自己就与南朝走得近些吧。顺带一提，第一个在史实上有据可依的新罗王是与高句丽缔结罗济同盟的奈勿尼师今（356—402年在位），曾长期臣服于高句丽的新罗终于开始谋求独立。

高句丽在广开土王（好大王，391—412年在位）统治时期，国力得到恢复，于是反攻百济，迫使其称臣，新罗也被降服。公元414年，广开土王之子长寿王（413—491年在位）建造了好大王

好大王碑与碑文拓片

碑，碑文记载了朝鲜半岛三国与倭国之间的紧密关系。尽管碑文的解释尚无定论，但上面记载了倭国在公元400年前后曾多次出兵朝鲜半岛。说不定这是倭国为了换取铁矿资源而提供的雇佣兵吧。

在当时的倭国，除了生口（佣兵、奴婢）之外，没有可以用来结算交易的资源和物产。在这位长寿王的统治时期，高句丽的影响范围扩展至中国的东北地区、辽东半岛及朝鲜半岛的大部分地区，呈现极盛态势。公元427年，长寿王将都城迁到了南方的据点平壤。顺带一提，在高句丽、百济、新罗和倭国，都有一种被称为"部曲"的私有民制度，这种制度被认为源于鲜卑的军政制度（如北魏的八部制等）。

北魏统一华北

拓跋部是鲜卑六大部之一。公元315年，拓跋部的拓跋猗卢（315—316年在位）建立了代国，但被前秦的苻坚所灭。淝水之战后，在拓跋珪（道武帝，386—409年在位）的领导下，代国于公元386年起死回生，后改国号为"魏"，史称"北魏"，以区别曹魏。道武帝厚待佛教，将其作为统一多民族的手段。师从佛图澄的高僧竺僧朗（生卒年不详），以及被封为"沙门统"（统辖佛教僧众的最高僧官，最初被称为"道人统"）的法果（生卒年不详）就活跃于这个时期。

公元439年，北魏在第三位皇帝太武帝（423—452年在位）统治期间终于完成了北方的统一，结束了五胡十六国时代。此后直到隋朝统一全国为止的一百五十年时间被称为南北朝时期。

而在南方，公元403年，掌握西府军的桓玄（桓温之子，403—404年在位）一度灭了东晋，自立为帝，国号"楚"。但公元404年，北府军的寒人（指下级军人和官吏，与传统贵族相对）刘裕发动政变，桓玄被杀，东晋得以复国。此后，刘裕毅然挥师北伐，于公元410年覆灭山东半岛的南燕，公元417年攻陷长安，灭亡后秦。

此外，刘裕还于公元412年推行"土断"政策（这是桓温的政策，将来自北方的移居者按实际居住地编定户籍。在此之前，移居者的户籍还在北方，他们作为流民，在江南没有户籍，也没有成为课税的对象。其结果是导致其中的很多人成了豪族的私属，政府无法掌握）。这样一来，得到了人望的刘裕终于在公元420年灭了东晋，自立为帝（武帝，420—422年在位），定国号为"宋"（刘宋，420—479）。随着东晋的灭亡，汉人贵族对正统王朝的信赖感也发生了动摇，比起刘宋，选择北魏作为正统王朝的趋势日益增长。

公元421年，倭王赞向刘宋朝贡。公元413年至478年间，赞、珍、济、兴、武五位倭王至少九次向东晋、宋、齐、梁纳贡，获封"倭国王""安东将军"（将军头衔之一，意为安定东方）等称号。这就是所谓的"倭五王"。有学者认为，他们之所以朝贡是考虑到了朝鲜半岛的紧张局势，寻求获得与同盟国百济平起平坐的称号,以确保在朝鲜半岛的权益(如确保获取铁资源等)。

公元475年,高句丽攻破百济首都慰礼城,盖卤王(455—475年在位)被杀。百济南迁,都城转移至熊津(今韩国公州市)。顺带一提,倭王最初获得的称号不如高句丽和百济。这大概就是当时的中国眼中倭国的实力吧。关于倭五王,有人推定他们是大和政权的大王,也有人认为他们是九州王朝的统治者,但目前还没有确定的说法。毕竟,我们甚至还不太清楚当时的日本是否存在统一的政权。

我们往往有把如今中央集权化的日本这个国家作为前提来判断历史事物的倾向,但是,去朝鲜半岛南部寻求铁资源的,不是统一的倭国政权,而是当时林立于日本的各个小国(集团)。与新罗联手对抗继体王朝的北九州的磐井(?—528)、被册封为"日本国王"的怀良亲王(1329—1383)、代替室町幕府进行勘合贸易的大内氏等,哪怕不搬出这些例子,我们也应该明白,由统一的政权统治整个日本的时间其实并不长。

此外,过去有学者将《古事记》和《日本书纪》(合称"记纪")中的记载与中国的史料进行比对,得出诸如倭王武就是雄略天皇之类的观点且获得较多支持,但是现在,"记纪"中继体天皇以前的编年被认为并不准确,那么比对也就没有太大意义了。"记纪"是在8世纪初编成的,内容多有夸大和粉饰,以此为依据来讨论数百年前的事件,从学术方法论的角度来看几乎没有什么意义。

而且还有一个问题,那就是倭国当时为什么不向掌控着大半个中国的北朝,而是向南朝纳贡呢?除了因为有同盟关系的百济最早是向东晋朝贡的之外,刘裕控制了山东半岛这条前往中国的要道大概也是一大原因吧。顺带一提,高句丽和百济不仅向南朝纳贡,也向北朝纳贡,给自己上足了保险。

在经常被拿来与西方的法兰克王国相提并论的北魏,意图以统一华北为契机进一步推进汉化政策的阵营,与想要维持游牧民族传统的阵营,二者持续对立。北魏太武帝统治年间,时任宰相的汉人崔浩(381—450)拜源于五斗米道的新天师道创始人寇谦之(365—448)为师,二人联合说动了太武帝,成功使道教成为了北魏的国教。

在二人的煽动下,太武帝从公元446年开始镇压佛教,毁坏佛像。由于僧尼有免除徭役的特权,为了抑制为逃避徭役而出家的现象,北魏开始发行度牒,即国家公认的证明出家身份的证件,但滥用这种证件的情况层出不穷。

另外,也有一种观点认为,这次镇压是企图让国家垄断西域贸易的太武帝,与在西域贸易中拥有特权的佛教教团之间的斗争。中国历史上共发生了四次对佛教的大镇压,从当时在位的皇帝的庙号和谥号取字,这些事件被合称为"三武一宗法难"。而这就是第一次法难的开始。

此外,太武帝还坚持解散部族,北魏实现了从部族联盟国家到中央集权国家的大转变。公元450年,太武帝发动南征，令刘宋胆寒。刘宋国势从此急速衰退。顺带一提，太武帝曾对与南凉（397—414）王室有渊源的臣子秃发破羌（407—479）说"秃发氏出自拓跋部，与朕同源"，赐秃发氏改名源贺。这就是日本源氏的起源。

北魏是连接隋唐的拓跋王朝，都城名平城（今大同）、宫殿名太极殿等都对向律令制国家发展的日本产生了很大的影响。

江南虽然面临着铜资源短缺的困境，但由于货币经济的渗透，下层反抗上层的风气高涨。这和日本镰仓时代末期的现象如出一辙。在江南，不仅有武人，还有为了提升地位而谄媚讨好皇帝的恩幸。据说这些恩幸，很多都是商人。这也和日本的"恶党"一样。在某种意义上，刘宋这个寒人政权给下层人民带去了希望。

国家佛教的兴盛

公元452年，北魏第五位皇帝文成帝（452—465年在位）即位后，之前遭到镇压的佛教开始反弹。人类的历史就像钟摆一样，一旦朝着一边摆到了头，就必然会反过来向另一边摆动。公元460年就任沙门统的昙曜（生卒年不详），提请设立了"僧祇户"和"佛图户"，为佛教教团奠定了财政基础。这样的寺院其实就相当于佛教教团的庄园了。

作为复佛事业的一环，昙曜还指导开凿了入选《世界遗产名录》的云冈石窟，其中有笈多风格的正襟危坐的大佛（昙曜五窟），象征着北魏历朝的皇帝。皇帝是如来，官僚和士兵是菩萨，百姓是寻求解救的众生，昙曜将"国家佛教即镇护国家"的理念通过具体的造像呈现了出来。

佛教（华严宗）镇护国家的理念，作为一种能与易姓革命等中华思想相抗衡并使游牧民族对中国的统治正当化的新思想，尤其受到北朝政权的支持和管控。从云冈的巨大石佛到龙门奉先寺的卢舍那大佛（石佛），大佛造像最终漂洋过海，作为日本东大寺的大佛被再现了出来。进入5世纪以后，中国从东汉时期儒家一家独大的时代，迈入了三教（儒教、佛教、道教）并立的时代。

北魏第六位皇帝献文帝（465—471年在位）在与养母文明皇后（冯太后，442—490）的权力斗争中落败，被迫退位。公元471年，五岁的孝文帝（471—499年在位）即位。为了避免外戚之祸，北魏有让皇帝的生母自杀的惯例，但这个惯例被孝文帝废除①。冯太后以摄政者的身份垂帘听政，她才能卓著，可以说是武则天的前辈了。

公元476年，冯太后毒杀献文太上皇，完全掌控了政权。公元485年，她采纳名臣李冲（450—498）的建议，推行三长制（五家立一邻长，五邻立一里长，五里立一党长，从国家层面将百姓重新组织整编，鲜卑传统的部族制最终瓦

---

① 原文有误，这一惯例在孝文帝之子宣武帝时才在事实上终止。

解），并在此基础上实施均田制（将土地租给百姓，并以租、调的形式收税作为回报），进一步加强了中央集权，从而大大提升了北魏的国力。冯太后和孝文帝关系密切，因此也有野史认为孝文帝其实是冯太后的亲生儿子。

公元490年，临朝称制二十年的冯太后去世，英主孝文帝正式亲政，并以李冲为股肱。孝文帝有着与苻坚一样的理想家气质，他崇尚周礼，努力贯彻汉化政策。公元493年，他强令从平城（大同）迁都中原的洛阳，改鲜卑姓氏为汉姓，禁鲜卑语，甚至舍弃胡服和传统习俗。这些政策遭到了守旧派的强烈反对，但孝文帝丝毫不为所动。显然，孝文帝为自己是中华皇帝而感到自豪。

他称北魏是继晋朝之后的水德王朝，也就是否认了五胡十六国的正统性，同时也相当于大言不惭地宣称拓跋部不属于五胡。如果孝文帝能长命百岁的话，也许真的能统一中国。然而，公元499年，孝文帝在南征途中英年早逝，年仅三十三岁。顺带一提，正是在这个时期，书法大家郑道昭（?—516）留下了精妙的楷书，郦道元（469—527）写出了以河川为中心的地理书《水经注》。

5世纪也是倭国建造大型前方后圆坟的时代。5世纪前半至中叶，大阪平原上建起了包括世界最大古墓——大仙陵古坟（又称大山古坟，相传为仁德天皇陵）在内的百舌鸟古坟群，即便从海上也能清楚地看见，在当时一定会令来自朝鲜半岛等地的外国使节感到震惊的吧。倭国也在稳步积蓄国力。但是，与有大量宝物随葬的中国和埃及不同，倭国的墓室造得非常简朴。也就是说，倭国的坟墓在外观上投入了几乎所有的资源。这或许可以称得上是一种落后国家的智慧的体现吧。

大仙陵古坟

倭国曾有"大和"和"九州"两大势力。关于大和政权的首领之位，最初似乎存在多个王统，如以箸墓为代表的大和盆地东南部的豪族，以及佐纪古坟群所在的北部豪族等。但是，古市（河内）和百舌鸟（和泉）古坟群建成以后，大王被限定在这两个古坟群所代表的集团之中，且首领之位变成了父系继承。

另外，虽然曾经有人使用过"大和朝廷"这个说法，但"大和"这个写法是后来才有的，而且当时还没有形成称得上是朝廷的组织，所以现在学界普遍使用"大和①政权"这一说法。朝鲜半岛上互相征战的三国，尤其是百济，试图利用倭国的军事力量来对抗高句丽和新罗。作为回报，百济则持续将来自大陆的先进文化和物品（七支刀、汉字、佛教等）传给倭国。

---

① 原文中，"大和朝廷"里的"大和"以汉字写就，而"大和政权"里的"大和"以片假名ヤマト写就，以示二者区别。

诸部族定居西欧

公元395年，狄奥多西一世去世，临终前他将罗马帝国东半部交给长子阿卡迪乌斯（395—408年在位）统治，西半部交给次子霍诺里乌斯（395—423年在位）统治。这兄弟俩都很无能。当时东西罗马之间的关系，可以简单理解为东部的镰仓幕府与西部的六波罗探题，或者室町幕府与镰仓公方[1]之间的关系。罗马帝国并不是东西分裂了，帝国依然只有一个，首都始终在君士坦丁堡。

霍诺里乌斯即位时年仅十岁，西部政务由受狄奥多西

狄奥多西一世以后的东西罗马帝国皇帝

西罗马帝国：霍诺里乌斯（—423）、君士坦提乌斯三世（423—425）、瓦伦提尼安、佩特罗尼乌斯·马克西穆斯（455）、（略）、朱利乌斯·尼波斯（—475）、罗慕路斯·奥古斯都（475—476）、这期间相继出现6位皇帝（474—476）

罗马帝国：阿卡迪乌斯（395—408）、狄奥多西二世（408—450）、马尔西安（450—457）、利奥一世、利奥二世（474）、弗拉维·芝诺（474—475）、弗拉维·芝诺、巴西利斯库斯（475—476）、阿纳斯塔修斯一世（491—518）

---

[1] 室町幕府在京都，镰仓公方是其在日本东部的代表。

一世重用的大将斯提利科（汪达尔人，365—408）负责。当时，侵入罗马帝国内部的西哥特人势力强大，亚拉里克一世（395—410年在位）成为西哥特人的第一代国王。他原本被狄奥多西一世任命为"同盟者"（foederati，非正规军）的首领，但狄奥多西一世死后，由于没能得到重用，他转而发动叛乱，占领雅典，劫掠希腊，之后又入侵了意大利。

公元402年，斯提利科在波伦提亚（今维罗纳附近）战役中击败亚拉里克一世率领的西哥特军，阻止了西哥特人对意大利的入侵。同年，霍诺里乌斯将皇宫从米迪奥拉努姆（今米兰）迁往易于防守的拉韦纳。公元408年，罗马皇帝阿卡迪乌斯去世，其子狄奥多西二世（408—450年在位）即位，斯提利科作为使者前往君士坦丁堡恭贺。趁他不在，佞臣奥林庇乌斯向霍诺里乌斯进谗言，让其除掉斯提利科，夺回实权。拥有传统罗马军人之魂的一代名将斯提利科就这样死在了宫廷阴谋之下。

亚拉里克一世再次入侵意大利，于公元410年占领并洗劫罗马，还俘虏了霍诺里乌斯同父异母的妹妹加拉·普拉西狄亚（狄奥多西一世之女）。加拉·普拉西狄亚与亚拉里克一世的妹夫阿陶尔夫（410—415年在位）结婚，阿陶尔夫死后，她回到拉韦纳与西方皇帝君士坦提乌斯三世（423—425年在位）再婚，是瓦伦提尼安三世（425—455年在位）的母亲，一生命途多舛。顺带一提，位于拉韦纳的加拉·普拉西狄亚陵墓因美丽的马赛克而闻名于世。

阿陶尔夫在西班牙遇刺身亡，随后，瓦里亚（415—418年在位）登上了西哥特的王位。公元416年，瓦里亚与罗马讲和，将加拉·普拉西狄亚放还，并与西班牙一带持续反抗罗马的汪达尔人等展开了战斗。西哥特人再次成了罗马的"同盟者"。瓦里亚以图卢兹为首都，建立了西哥特王国（418—713），领土扩张至西班牙。

约公元420年，《圣经》的拉丁文通俗译本"武加大译本"的译者圣哲罗姆在伯利恒去世。武加大译本后来在西欧广为流传，并在公元1545年的特兰托公会议上被正式认可为《圣经》的拉丁语权威译本。

公元429年，汪达尔人在盖萨里克（428—477年在位）的率领下，从西班牙来到北非，占领迦太基，建立了汪达尔王国（439—534）。混乱之中，从摩尼教改信基督教、以《忏悔录》闻名的基督教神学家奥古斯丁于公元430年在希波去世。公元455年，汪达尔王国军队洗劫了罗马。顺带一提，汪达尔人曾经被认为是印欧语系日耳曼语族的部族，但现在也有人认为他们可能是属于斯拉夫语族的部族。

另外，在罗马的"同盟者"勃艮第人的王贡德哈尔（411—436年在位）被击败后，勃艮第人于公元443年在萨伏依附近建立了勃艮第王国（443—534年）。

东罗马方面，狄奥多西二世（408—450年在位）在君士坦丁堡修建了新城墙。狄奥多西城墙享有坚不可摧的美誉，将在此后的一千年里一直守护着新罗马。此外，狄奥多西二世首次用希腊语颁布了法令。这就是《狄奥多西法典》。虽说科伊内希腊语一直都是东部的标准语，但没想到作为罗马帝国通用语的拉丁语，竟然如此迅速地就被淘汰掉了。

从公元421年起，罗马帝国与萨珊王朝之间多次发生战争。公元441年，狄奥多西二世与伊嗣俟二世（438—457年在位）签订互不侵犯条约，稳定了东部边境。公元420年前后，萨珊王朝正在为在中亚建国的胡纳人（哒哒人）的入侵而头疼，因此他们也想避免两面作战。

5世纪中叶以来，成为罗马帝国国教的基督教通过君士坦丁堡宗主教①开始为皇帝祝圣，准备典礼并创造出了"红色"和"皇冠"这两个象征。基督教给戴克里先创立的专制君主政体添上了最后的装饰。

首都之外，当时罗马帝国的三大城市中的亚历山大和安条克②也设立了宗主教，到了5世纪，耶路撒冷也设立了宗主教。加上罗马，五大教会就齐了。

然而，准确来说，当时最高等级的神职人员被称为大主教，宗主教以及五大宗主教的称号是在公元692年的特鲁洛会议上才被正式认可的。不过，为了便于理解，本书统一使用"宗主教"一词。

大约5世纪初，亚历山大和安条克的教会围绕基督的位格发生了争论。安条克学派的聂斯脱里（约381—451）成为

---

① 东正教的宗主教习惯译法为牧首。
② 亦作安提阿。

君士坦丁堡的宗主教。他认为基督的位格分为两个，一个是神，一个是人，应该加以划分，主张玛利亚应该被称为"基督之母"，而不是"上帝之母"（Theotokos），由此引发了一场大争论。公元431年，狄奥多西二世在以弗所召开第三次公会议，在论战中失败的聂斯脱里派遭到排斥。

不过，聂斯脱里派此后仍然保持着强大的势力，以波斯为中心向欧亚大陆的东方扩张，在唐代传入中国，被称为"景教"。后来建立起世界帝国的忽必烈，他的生母克烈·唆鲁禾帖尼也是聂斯脱里派的信徒。

也有一种观点认为，对玛利亚的崇拜就开始于这场关于"上帝之母"的论战，而且，将其与传统的地母神崇拜相结合，能使传教变得更加容易。不过，基督教是典型的男尊女卑的宗教，举个例子，新约《圣经》中就几乎没有多少关于玛利亚的记述。圣母玛利亚信仰的真正开始，是11世纪以后的事情了。约公元433年，圣帕特里克（387—461）将基督教信仰带到了爱尔兰。约公元450年，盎格鲁人、撒克逊人（萨克森人）等移居不列颠。

在亚历山大，聂斯脱里派遭到排挤后，"基督一性论"（只承认基督的神性）逐渐占据主导地位。公元440年即位的教皇利奥一世（被认为是事实上的第一任教皇，440—461年在位）认为这是一个将罗马教会推上教会最高地位（对全体主教、信徒而言的完全的、普遍的至上权威）的好机会，于是发出信函，在公元451年由东罗马皇帝马尔西安

（450—457年在位）召集举办的第四次公会议卡尔西顿公会议上，积极推动"基督神人二性论"（神性和人性统一于单一位格）的界定。

虽然"基督一性论"遭到了排斥，但信奉一性论的叙利亚教会、埃及的科普特教会、亚美尼亚教会等对此表示强烈反对，并从正统派中剥离出来，延续至今。后来，叙利亚、埃及等地被伊斯兰军队征服时，这些基督教会反倒觉得获得了解放，对新的统治者恭顺极了。

西罗马帝国的灭亡是怎么一回事？

这一时期，引发各部族大迁徙的罪魁祸首、强悍的匈人在阿提拉大王（埃策尔①，434—453年在位）的带领下，以潘诺尼亚大平原（匈牙利）为大本营，建立了版图覆盖里海至莱茵河、多瑙河的大帝国。从《尼伯龙根之歌》中也能窥见他的强大。

在公元451年的卡塔隆平原战役（沙隆之战）中，西罗马帝国大将埃提乌斯（391—454）设法阻止了匈人的西进，但翌年，即公元452年，匈人又转而攻入了意大利，据说是利奥一世说服阿提拉，使他打消了攻打罗马城的念头。事实上，匈人之所以停止南下，似乎是因为当时他们的军队里正

---

① 阿提拉大王就是史诗《尼伯龙根之歌》中的埃策尔。

爆发瘟疫，但罗马教会后来对这个传说进行了粉饰，用来宣扬教皇的权威。

此外，据说威尼斯就是由这段时期为了逃离匈人而来到亚得里亚海潟湖的人们建造起来的。在衰败的罗马城，利奥一世是事实上的掌权者。但即便如此，他也没能在公元455年阻止汪达尔国王盖萨里克在罗马的烧杀抢掠。罗马进一步衰退。公元453年，随着阿提拉的去世，匈人的威胁土崩瓦解，但意大利已经沦为异族横行的世界。

公元476年，雇佣兵统领奥多亚克（出身部族不详）迫使西罗马皇帝罗慕路斯·奥古斯都（475—476年在位）退位，将西方皇帝的皇冠交还给了东方的罗马帝国皇帝芝诺（474—491年在位），被芝诺任命为意大利领主。

过去很盛行"西罗马帝国就此灭亡"的说法，甚至有不少人认为这一年就是古代与中世纪的分界线，但本书无论如

奥多亚克迫使罗慕路斯·奥古斯都退位

何也无法认为名义上的西方皇帝罗慕路斯的退位有什么历史意义。顺带一提，罗慕路斯安稳地度过了余生。这一事件大约就跟室町幕府的镰仓公方和平引退差不多。

由于奥多亚克根本不把芝诺的话当回事，芝诺便于公元488年任命摆脱了匈人桎梏的东哥特王狄奥多里克（474—526年在位）为军队长官，讨伐奥多亚克。经过多次交战，狄奥多里克于公元493年进入拉韦纳，杀了奥多亚克，自封为意大利王，东哥特王国（497—553）成立。公元497年，罗马皇帝阿纳斯塔修斯一世（491—518年在位）承认了狄奥多里克的王号。这一连串事件或许也可以看作是芝诺迂回地将东哥特人驱赶到了西方。然而，他还没来得及喘口气，突厥系保加尔人又出现在多瑙河以北，成为罗马帝国的威胁。保加尔人于公元681年建立了保加利亚第一帝国（681—1018）。

关于古代和中世纪的定义，学者们众说纷纭。在本书看来，古代、中世、近世和近代等时代的划分本来就没有超出一般含义的意义。在现代史学中，时代的划分似乎并不十分重要。

【古代、中世纪、近代】

这种被普遍接受的三时期划分法的创始人可能是德国的历史学家克利斯托弗·凯列尔（1638—1709）。凯列尔认为罗马迁都君士坦丁堡的那一年，即公元330年，是中世纪的开端。这种划分方式只是欧洲史中的概念，以西罗马和东罗马帝国灭亡的时间点，即公元476年和1453年作为划分的界线是18至19世纪时的主流划分方式。此外，丹麦历史学家克里斯蒂安·汤姆森（1788—1865）在公元1836年提出了"石器时代—青铜时代—铁器时代"的三期论。

克洛维的皈依

斯提利科为了保卫意大利，调回了驻扎在高卢的罗马军队。高卢遭到各部族的扫荡。这其中，法兰克人可能曾协助过匈人，在阿提拉大王手下积蓄了势力。在巩固了佛兰德尔地区后，法兰克人的一支——萨利克法兰克人的王克洛维一世（481—511年在位）开疆拓土，建立了墨洛温王朝（"墨洛温"来自家族始祖"墨洛维"的名字，相传他是海神的子孙，481—751）。克洛维一世受到来自勃艮第王国的王后克洛蒂尔达的影响，于公元498年与臣下一起在兰斯接受了罗马教会的洗礼，成为正统派基督教徒。

汪达尔人和西哥特人信奉阿里乌派，因此"克洛维的皈依"对罗马教会来说是莫大的福音。法国的前身——法兰克王国诞生了。克洛维一世也很擅长谋略，他将妹妹嫁给了东哥特国王狄奥多里克，与他结成了同盟，并于公元508年定都巴黎。随着法兰克王国的扩张，在506年的武耶战役中战败的西哥特王国放弃了法国南部，转而专心经营伊比利亚半岛。

5世纪末，古莱什部落在库赛伊（生卒年不详）的率领下，来到阿拉伯半岛通商路线的枢纽麦加定居。库赛伊是穆罕默德的五世祖先。此后，他们将以经商为生。

第七章

第四个千年后半期的世界
（公元 501 年—公元 1000 年）

第四个千年的后半期，出生于阿拉伯半岛麦加城的商人穆罕默德（约570—632）创立了第三种闪米特一神教——伊斯兰教。随着伊斯兰教的兴起，一神教革命大功告成，古代地中海地区的多神教世界最终灭亡。欧亚大陆的东部、中部和西部都出现了世界性帝国，除了罗马帝国外，还有几乎同一时期出现的唐朝和伊斯兰帝国，贸易蓬勃发展，可以说是陆上和海上丝绸之路的时代。

【穆罕默德的全名】

阿拉伯人没有姓的概念。穆罕默德的全名是穆罕默德·伊本·阿布杜拉·伊本·阿布杜勒-穆塔利卜。意思是"阿布杜勒-穆塔利卜（祖父）之子阿布杜拉（父亲）之子穆罕默德"。"伊本"是"某某之子"的意思，"阿布"是"某某之父"的意思。

据推算，公元800年的主要城市人口数量，长安约八十万人，巴格达约七十万人，君士坦丁堡约三十万人。顺带一提，法兰克国王查理曼（768—814年在位）受罗马教皇加冕为"罗马人的皇帝"时，罗马城的人口约为五万人。此外，这也是国号为"日本"的国家诞生的时代。同时，这还是西欧的罗马教皇（罗马主教）与东方的罗马帝国分道扬镳、自立门户的时代。

北魏的分裂

北魏宣武帝（499—515年在位）继承了孝文帝的衣钵，在他统治期间，首都洛阳盛极一时。然而，在暗地里，因急速汉化政策而被边缘化的游牧民的不满正不断滋长。当时，在洛阳居住的外国人超过了一万户。据说，由宣武灵太后主持建造的永宁寺极为神圣庄严，以至于后来造访洛阳的高僧菩提达摩（？—528）见了都"合掌连日"。

菩提达摩从南印度出发，经海路在广州登陆，北上面见了梁武帝（502—549年在位）。但两人似乎聊得并不投契，于是达摩去了北魏。后来，他到达洛阳郊外的嵩山少林寺，面壁坐禅，成为了中国禅宗的始祖。在日本，以达摩为原型的"达摩不倒翁"广为人知。

在南方，公元479年，出身刘宋下级军官的萧道成（齐高帝，479—482年在位）开创了南齐。公元502年，南齐旁支萧衍（梁武帝）即位，建立了梁。重用寒门、打压贵族的南齐（479—502）仅存在了二十多年就灭亡了。梁武帝统治的近半个世纪被称为南朝的黄金时代，不过，这也和后文会提到的北朝的内乱和分裂使得南朝没有发生特别大的战乱有关。此外，梁武帝重用名门贵族，致力于施行宽容的政策也是一大原因。

梁武帝是历史上绝无仅有的"菩萨皇帝"，他笃信佛教，多次前往佛寺舍身出家。每一次，朝廷都不得不筹集巨资将皇帝赎回。他与佛教相关的著述颇丰，是当时一流的知识分子。梁武帝英年早逝的长子昭明太子（501—531）编撰了汇集古今优秀诗文的《文选》，对后世产生了深远的影响。有观点认为，日本的《十七条宪法》和《万叶集》都受到了《文选》的影响。

萧衍（梁武帝）

公元507年，倭国的大和政权发生王统更替。新大王（男大迹王，即继体天皇，507—531年在位）被从越前迎回大和。公元528年，筑紫君磐井在与大和军的交战中战败而死。也有一种观点认为，由此开始，九州的势力基本上被大和所吞并。磐井曾外通新罗，九州与亲近百济的大和之间的争端同朝鲜半岛的局势密切相关，因此不能仅仅当成国内的问题来看待。

公元523年，北魏爆发了"六镇起义"。北魏建国时，为了对抗柔然，巩固北部边防，曾派遣有实力的豪族戍守边境六镇，但在汉化政策下，六镇的特权被一个接一个地剥夺，不满的情绪不断积累。这场内乱动摇了北魏的根基，导致军阀割据，皇位更迭。公元530年，外戚尔朱荣（493—530）平定了六镇之乱，但觊觎帝位的他被北魏孝庄帝（528—530年在位）设计杀害。

北魏在这样的混乱之中走向了衰亡。公元534年，权臣高欢（496—547，建立东魏，定都邺城）和宇文泰（505—556，建立西魏，定都长安）分别拥立皇室子弟为帝，北魏分裂为东魏和西魏。当然，东魏和西魏都是后世史学家们的叫法，当时的国号始终都是"魏"，双方都宣称自己才是正统。

高欢出生于怀朔镇（今内蒙古包头市），在尔朱荣的提拔下崭露头角。宇文泰出生于武川镇（今内蒙古武川县），他设立了被称为"八柱国"的八位大将军以强化军事力量，自己则任柱国之首。分裂之初，东魏占据了靠近鲜卑故地的北方大部分地区，实力看起来超过西魏。东魏猛将侯景（503—552年）正逐步向长安逼近。

在东魏，约公元544年，贾思勰所著的《齐民要术》问世。这很可能是世界上最古老的农业百科全书，其中甚至记载了31种造酒法。

而在几乎被东魏挤到关中的西魏，宇文泰于公元550年左右开始实施兵农合一的府兵制，与均田制配套，使西魏的国力稳步上升。隋唐王朝也沿用了府兵制。

【府兵制】

北魏分裂后，拓跋部的精锐主要集中在离故地较近的东魏。公元534年，败给东魏的宇文泰收拢乡兵，任命各地豪族为乡帅。这些乡兵部队在八柱国麾下被重新整编，开始被称为府兵。出了府兵的家庭可以免除租庸调和劳役，但装备补给需自行准备，由六户人家共同负担。府兵也被称为卫士，在全国各地的军府集结。府兵制在唐代得到了完善，以三分之一的比例在成年男子中征兵，府兵原则上须作为驻防士兵戍边三年。这种兵农合一的征兵制度是以均田制为基础的，因此也随着均田制的崩溃走上了末路。

公元550年，权臣高氏家族的高洋（北齐文宣帝，550—559年在位）建立了北齐。公元557年，权臣宇文氏家族的宇文觉（北周孝闵帝，557年在位）成为北周第一位皇帝，西魏灭亡。北周用"天王"取代了皇帝称号。在北朝处于战乱之中的6世纪中叶，持续了四百年的漫长寒冷期终于结束，中国的气候开始回暖，农业生产力逐步上升。走向统一的舞台正在逐步形成。

中国走向统一

南朝方面，公元548年，梁武帝统治末期，因被东魏大将高澄（高欢长子，521—549）追捕而逃至南朝梁的降将侯景发动叛乱，建康（南京）沦为废墟（都城临时迁至江陵），梁朝自此走上了瓦解的道路。公元554年，西魏攻陷江陵，众多朝臣被掠至关中。北朝与南朝的实力差距已经悬殊到了这种程度。

去北朝经商的南朝商人留下了这样的记录：在北朝，女性光明正大地做生意，她们很顽强，与安静生活在后院中的南朝女性截然不同。

公元557年，南朝最后一个政权陈朝建立。陈朝是第一个由江南本地军人陈霸先（武帝，557—559年在位）而非北方移居者建立的南朝王朝。在从梁朝过渡到陈朝的混乱时期，应梁武帝之邀从扶南来到中国的印度僧人真谛（499—

569）在苏州和杭州致力于译经（佛经的翻译）事业。

朝鲜半岛方面，进入6世纪后，新罗日益强盛，高句丽的霸权开始动摇。新罗的法兴王（514—540年在位）完善官制，强化王权，于公元527年认可佛教，并于公元536年首次定立新罗自己的年号（建元）。继任者真兴王（540—576年在位）与百济缔结了第二次罗济同盟（433—553），以对抗高句丽，但在扩大领土的过程中，与百济的关系恶化，于公元554年击败并杀死了百济圣王（圣明王，523—554年在位）。

公元538年，圣王将都城从熊津迁至泗沘。他曾向倭国赠送过佛像和经论，也许是感受到了新罗的威胁，希望得到倭国的军事援助吧。公元562年，真兴王消灭了伽倻诸国，占领了朝鲜半岛东南部地区。至此，朝鲜半岛进入了真正的三国时代。

建立北周的宇文氏所属的宇文部，作为鲜卑族六部（其余五个是慕容部、段部、拓跋部、秃发部、乞伏部）之一，依然保留着尚武的习气。北周第三位皇帝武帝（宇文泰第四子，560—578年在位）在让儒、佛、道三家的领袖举行论谈（三教论衡）后，于公元574年下令禁止了佛道二教（第二次法难）。这么做的主要目的似乎是改善财政状况。

后来，北周武帝设立了一个名为"通道观"的全国性宗教研究机构，致力于对三教的研究。公元577年，北周武帝消灭了国势衰弱的北齐，统一了华北。由于他一视同仁地起用北齐的人才，国力得到了充实，中国的统一看起来只是时间问题了。

北方，在北匈奴被东汉削弱后，蒙古高原上的蒙古系鲜卑日益强盛，在魏（三国时期）晋时期大举移居华北，但后来遭到了突厥系高车和蒙古系柔然的袭击。公元402年，柔然族长社仑（在位至410年）首次使用"可汗"作为王的称号。不过，现在的学说认为，最早使用这一称号的可能是鲜卑。据说，北魏正是因为与柔然交战，才没能全力进攻南朝。

公元552年，突厥首领土门自称伊利可汗（在位至553年），建立突厥汗国，并消灭了柔然。大约三十年后，突厥汗国分裂为东突厥和西突厥。突厥汗国与高车一样拥有狼祖传说，手握欧亚大陆东部最强的军事力量，在之后的约两百年间都是蒙古高原的主宰。突厥汗国战士墓前的石人像也很有名，其中还有用粟特文刻着称颂可汗功绩的石人像。

石人

从建国开始，突厥汗国就与粟特商人保持着密切的关系。突厥的军事力量与粟特的经济力量构成了国家的根基。唐朝的李渊举兵时，东突厥曾借兵给他，粟特人也与他牵涉颇深，他们还曾在玄武门之变时协助过唐太宗。直至今日，土耳其共和国仍以突厥汗国建国的公元552年作为其民族建国的年份。

由于北方突然出现了突厥汗国这股强大的新势力，公元578年，北周武帝决定亲征，然而壮志未酬就病死了。继任的北周皇帝昏庸无道，于是外戚杨坚（隋文帝，581—604年在位）在581年建立了隋朝，并于583年将都城迁到了在长安附近兴建的新都大兴城。杨坚是西魏十二大将军之一杨忠之子，武川镇军阀出身。武川镇军阀之中权贵辈出，因此被称为王气聚集之地。武川镇军阀后来发展为贵族，被称为关陇贵族集团。之所以这样称呼，是因为西魏最初的主要势力范围集中在关中（陕西）和陇西（甘肃）。

公元583年，以强盛著称的突厥汗国分裂为东西两个部分。隋朝认为机不可失，便对突厥发动了攻击，并修复长城，巩固了北边的防御。公元587年，隋文帝为充实国力，用选举制（因设置了多个科目，后来被称为科举）取代容易陷入门阀主义的九品中正制（九品官人法），为选贤任能打开了大门。

公元589年，隋文帝灭陈，结束了自东汉灭亡以来持续了近四百年的大分裂时代（也被称为魏晋南北朝时期）。感受到存亡威胁的百济立刻向隋纳贡，高句丽和新罗也分别于公元590年和594年向隋纳贡。倭国对自汉朝以来第一个统一帝国的出现感到不安，也于公元600年派出了朝贡使节。这其中，一直向南北朝双方纳贡以牵制邻近的北朝的高句丽，在强烈的危机感下开始增强军备。

苻坚、北魏孝文帝及北周武帝统一中国的梦想在这里得到了实现。而唐朝则完成了漂亮的收尾。武川镇军阀出身的隋唐王朝缔造者有着极为亲密的姻亲关系（隋炀帝和李渊是表兄弟），并且身上显然都有拓跋部的血统。从这个意义上说，隋唐王朝也可以说是北方游牧民族建立的王朝，可以被称为鲜卑－拓跋王朝。在突厥汗国，中国被称为"Tabgach（拓跋）"就是证明。这个称呼作为指代中国的称谓，在北方游牧民中被广泛使用，直到"契丹"出现。

唐朝在近三百年的统治期间，几乎没有对长城的防卫表现出兴趣，是一个罕见的极为开放的王朝，这应该与唐室的出身不无关系吧。但若要问什么是汉族，那么使用汉语、汉字，接受中华文明的民族都可以被称为汉族。

在中国漫长的历史中，像隋唐王朝这样大力推行汉化政策的游牧民政权非常少见。从这个意义上说，隋唐王朝也可以说是新的汉族政权，是北方游牧民与传统汉民族充分融合的产物。分裂的四百多年，也是北方的游牧民族和作为农耕民族的汉族同化融合的过程。

在中国开始走向统一的时候，印度却在加速走向分裂。

公元552年，北印度的笈多王朝灭亡，直到戒日王朝建立前都没有出现统一的政权。早在公元530年，笈多王朝昔日的同盟、德干高原上的伐卡塔卡王朝就已经灭亡。南印度进入了一个新的三国鼎立的时代。孕育了桑伽姆文学，英雄辈出的泰米尔三王朝也在4—5世纪衰亡，信奉佛教和耆那教、名为卡拉波拉的外部势力席卷了南印度。

公元543年，补罗稽舍一世（在位至566年）在德干高原建立了遮娄其王朝（543—753）。该王朝的补罗稽舍二世（609—642年在位）阻止了戒日王的南进（讷尔默达河之战）。此外，补罗稽舍二世还任命王弟毗湿奴伐弹那一世（624—641年在位）统治德干高原东部的案达罗地区。毗湿奴伐弹那一世以文耆为首都，开创了独立的东遮娄其王朝（至1279年）。以巴达米为首都的遮娄其王朝被称为前遮娄其王朝，以区别于10世纪后期建立的以卡利安尼为首都的后遮娄其王朝。在科罗曼德尔海岸，相传于3世纪末建国的帕拉瓦王朝（至893年），在击败卡拉波拉人的僧诃毗湿奴（560—580年在位）的统治下复兴，首都设在甘吉布勒姆。

在最南端，卡登贡（590—620年在位）打败了卡拉波拉人，复兴了潘地亚王朝（至920年），首都定于马杜赖。游览帕塔达卡尔寺庙群（遮娄其王朝）和马哈巴利普拉姆城的寺庙群（帕拉瓦王朝）这两处世界遗产，会让人想起昔日三国鼎立时代的盛况。

帕塔达卡尔寺庙群

马哈巴利普拉姆城寺庙群

法兰克王国的分裂和再统一

公元 507 年，墨洛温王朝的克洛维一世在武耶战役中击败西哥特军队，将西哥特人赶到了西班牙。约公元 508 年，法兰克最古老的《萨利克法典》问世。但公元 511 年克洛维一世去世后，王国被四个儿子分割继承，势力一度减弱。在法兰克王国，国家被认为是墨洛温家族的世袭财产，有多少国王（继承人）就有多少份财产。

因此，当具备继承资格的国王只剩一位时，世袭财产就会集中到一起。四个儿子之中，苏瓦松国王克洛泰尔一世（558—561年为全法兰克王国的国王）是最长寿的一个，在他的治下，法兰克王国再次统一。这一时期，由于查士丁尼一世的西征，西欧已经不存在大国，于是法兰克王国自然而然地被推上了西欧最强国的位置。

但是，公元561年克洛泰尔一世去世后，王国又一次被他的四个儿子分割继承。长子查理贝尔特一世接管王国西部，次子贡特拉姆接管勃艮第一带，三子西吉贝尔特一世接管后来被称为奥斯特拉西亚的王国东部，小儿子希尔佩里克一世则分到了王国西北部（包括墨洛温家族的发祥地比利时）。公元567年，查理贝尔特一世去世，他的领地被划分成三份重新分配，希尔佩里克一世的领地扩大到了诺曼底地区，称为纽斯特里亚。

公元584年，希尔佩里克一世被暗杀，出生四个月的儿子克洛泰尔二世继承了纽斯特里亚王国，其生母芙蕾德贡德（？—597）在贡特拉姆的扶持下摄政。从侍女晋升的芙蕾德贡德被怀疑暗杀了希尔佩里克一世的王后、西哥特公主加尔斯温特。著有《法兰克史》（《历史十卷》）的都尔主教额我略（538—594）评价芙蕾德贡德是一位无比残忍、恐怖的女性。

被杀的加尔斯温特的妹妹布伦希尔德（543—613）是奥斯特拉西亚国王西吉贝尔特一世的王后。于是，奥斯特拉西亚和纽斯特里亚陷入了以报仇为名的纷争之中，对此，贡特拉姆曾出面调停。公元575年，西吉贝尔特一世被暗杀，希尔德贝尔特二世继任奥斯特拉西亚国王。布伦希尔德摄政直至公元583年儿子成年，一直由她统治奥斯特拉西亚，其间与芙蕾德贡德的斗争从未间断。

公元592年，贡特拉姆去世，希尔德贝尔特二世继承勃艮第王位。此后，布伦希尔德不顾众人反对，在其孙子和曾孙统治期间都在勃艮第摄政，与纽斯特里亚作战长达四十年，直至公元613年被克洛泰尔二世处死。克洛泰尔二世

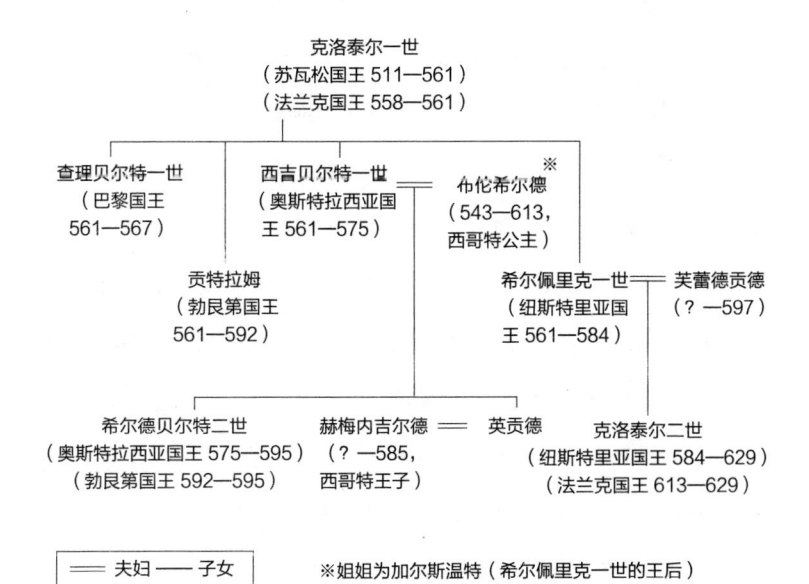

```
                    克洛泰尔一世
                  （苏瓦松国王 511—561）
                  （法兰克国王 558—561）

  查理贝尔特一世    西吉贝尔特一世 ══ 布伦希尔德※
  （巴黎国王          （奥斯特拉西亚国    （543—613，
   561—567）          王 561—575）       西哥特公主）

              贡特拉姆                希尔佩里克一世 ══ 芙蕾德贡德
            （勃艮第国王              （纽斯特里亚国       （？—597）
              561—592）                 王 561—584）

  希尔德贝尔特二世      赫梅内吉尔德 ══ 英贡德       克洛泰尔二世
 （奥斯特拉西亚王 575—595）（？—585，                （纽斯特里亚国王 584—629）
  （勃艮第国王 592—595）    西哥特王子）              （法兰克国王 613—629）
```

══ 夫妇 ── 子女　　※姐姐为加尔斯温特（希尔佩里克一世的王后）

克洛泰尔一世至二世家谱

(613—629年为全法兰克王国的国王)完成了法兰克王国的第三次统一。

据说,布伦希尔德是被绑在数匹烈马身后,五马分尸而死的。有人认为,《尼伯龙根之歌》的女主角布伦希尔德的形象受到了酷烈的布伦希尔德的影响。

由于《萨利克法典》否定了女性继承土地的权利,在之后的欧洲王位继承之争中,各方都对这项条款做出了有利于自己的解读。

查士丁尼一世和霍斯劳一世

罗马帝国(尽管有时也被称为东罗马帝国或拜占庭帝国等,但这些都只是后世的称呼,他们始终自称罗马帝国)痛苦地看着异族王朝一个接一个在西方故土上建立了起来。公元527年,查士丁尼一世(527—565年在位)即位后,一直暗中计划着收复西方领土。公元529年,他命法学家特里波尼亚努斯(?—546)等人着手编纂《罗马法大全》,还致力于镇压异教,关闭了雅典的阿卡德米学园(柏拉图创办的学园)和吕刻昂学园(亚里士多德创办的学园)。

许多雅典的学者移居到了萨珊帝国,在贡德沙布尔学院继续钻研学术。这一时期,在荒废的意大利,出生于努西亚(今意大利翁布里亚的诺尔恰)的圣本笃(480—547年)在卡西诺山创建了一座修道院。这就是本笃会的起源。圣本笃被称为西方修道士之父。

公元531年，萨珊王朝的一代英主霍斯劳一世（531—579年在位）登上了帝位。

查士丁尼一世的统治开局很是顺利，但在公元532年，他遇到了尼卡起义引发的危机。自戴克里先以来，罗马公民早已被剥夺了政治集会权和选举权，只能在战车竞技场（赛马场）表达自己的意愿。

在当时的君士坦丁堡，市民分为蓝党和绿党两个车迷团体（竞技党），两党之间的小冲突（类似足球流氓间的争吵）迅速升级成了一场暴动，皇帝差一点就要逃离首都。据说，靠着马戏团舞女出身的皇后狄奥多拉刚强的话语（"紫袍是最好的裹尸布"）鼓励，查士丁尼一世才艰难地渡过了危机。

烧毁的圣索菲亚大教堂被立即重建，于公元537年竣工。这就是后来的阿亚索菲亚博物馆①，现存最美的古代建筑之一。

公元532年，站稳脚跟的查士丁尼一世与霍斯劳一世签订了一份永久和平条约，两国都不想开战。波斯方面，新兴宗教玛兹达克教（受到摩尼教的影响，宣扬人人平等、财产共有等）加剧了社会的不安定，东部边境则正面临游牧民族胡纳（厌哒人）的侵犯。

巩固了东方的查士丁尼一世，于公元534年派遣名将

---

① 2020年7月，土耳其将阿亚索菲亚博物馆改为清真寺。

阿亚索菲亚博物馆

贝利萨留（500—565）消灭了北非的汪达尔王国，并于公元535年开始着手收复意大利。贝利萨留的秘书官普罗科匹厄斯（500—562）的《战争史》是对这次再征服事业的出色记录。在普罗科匹厄斯未公开发表的作品《秘史》中，充斥着有关查士丁尼一世的坏话和丑闻，充分展现了专制君主手下的知识分子的苦恼。

东哥特人的抵抗非常激烈，战乱持续了18年，彻底摧毁了意大利。公元540年，与波斯的战争再度爆发（持续至562年），查士丁尼一世被迫两面作战。公元553年，查士丁尼一世终于消灭了东哥特王国，并于公元554年重新征服了西哥特王国的南部（安达卢西亚），成功地使地中海再次成为罗马的内海。这便是历时二十余年的罗马帝国的复兴。

然而，在持续不断的战乱中，城市凋零，贸易荒废，自给自足的经济悄然兴起。教会和修道院逐渐取代城市，成为地区的中心。连接战略要地的罗马道路也遭到了废弃，陆地上只剩下连接基督教圣地的道路网络，欧洲恢复了原先的模样（罗马道路建成以前的状态），河流和沿岸的海路成了交通网络的核心。

查士丁尼一世还介入了成为罗马帝国新的统一要素的基督教教义的争论。在卡尔西顿公会议上被定为异端的一性论派，在罗马帝国的心脏地带叙利亚和埃及依然有着根深蒂固的势力。狄奥多拉也接受了一性论。公元553年，查士丁尼一世在君士坦丁堡召见罗马教皇，召开第五次公会议，试图让正统派与一性论派达成和解，但没有成功。也是在这一年，中国的养蚕技术经由中亚传入罗马帝国。希望促进产业振兴的查士丁尼一世对养蚕业给予了奖励。

波斯方面，大约在公元559年，霍斯劳一世与新崛起的突厥汗国联手，消灭了胡纳（哒人），占领了印度西北部地区。公元562年，他与查士丁尼一世签订了一份为期五十年的和平条约。公元570年，他将盘踞在也门的埃塞俄比亚势力（阿克苏姆王国）驱逐到了非洲。至此，萨珊王朝完全掌控了陆路、波斯湾、红海这三条通往印度和中国的贸易路线。

就这样，在霍斯劳一世统治时期，波斯萨珊王朝进入了鼎盛期。霍斯劳一世本身就很有文化，在他的统治下，融合

波斯的玻璃工艺品
（正仓院藏）

东西方文化的萨珊王朝的文化蓬勃发展，其优美的传统文化也通过正仓院的藏品传入了日本。

查士丁尼一世因厚待基督教而被誉为大帝，但从宏观上看，他的所作所为与时代背道而驰，导致罗马帝国疲惫不堪。当时的罗马帝国已经快要凝聚成一个东方帝国，维持着一定的同质性，但由于统治者对异质的西方领土的执着，大量精力和资源被投入到了对西方的经营上。

罗马重新统一后不到十五年，西方领土就开始出现瓦解的迹象。公元568年，阿尔博因（568—572年在位）率领伦巴第人（意大利伦巴第大区、"伦巴第利率"一词的词源）建立了伦巴第王国（首都帕维亚，568—774）。今天，在拉韦纳圣维塔教堂（世界遗产）的精美马赛克镶嵌画中，我们仍能与查士丁尼一世和狄奥多拉再次相遇。

公元587年，西哥特国王雷卡雷德一世（568—601年在位）抛弃阿里乌斯派，转而皈依了罗马教会。至此，被移居欧洲的各部族广泛接受的阿里乌斯派的衰落成了定局。公元590年，大教皇格里高利一世（590—604年在位）即位，向西欧的传教活动正式开始。

罗马教会决心将自己的未来寄托在文化落后的西方世

界，而不是使用希腊语、文化高度洗练的东方世界。此外，格里高利一世还因为编纂了在教会典礼时使用的"格里高利圣咏"而闻名。

公元597年，奥古斯丁（后来的坎特伯雷大主教，？—604）被格里高利一世派往英格兰。当时的英格兰正处在盎格鲁-撒克逊的七国时代（Heptarchy）。波斯方面，霍斯劳一世的孙子霍斯劳二世（590—628年在位）于公元590年即位。

公元570年左右，穆罕默德出生在麦加城古莱什部落的哈希姆家族，他自幼失去双亲，由祖父母抚养长大。约公元595年，他与富孀赫蒂彻结婚，忙于带领商队到叙利亚一带经商。

隋文帝和隋炀帝

隋朝开国皇帝隋文帝，在名宰相高颎的（？—607）的辅佐下，接连推出了一系列新举措。这便是"开皇之治"的开始。首先，他制定律令（《开皇律》），沿用并强化了北魏以来的均田制（按人口分配土地）、租庸调制、府兵制等中央集权政策，并在中央政府组织中实行三省六部制。

在地方的治理上，隋朝采用了州县-乡里制（百户为里，五里为乡，并任命乡正管理农民）。在短时间内出台如此多新举措的政权，这恐怕是自秦始皇以来的第一个。在分裂的四百

【均田制】

在中国，如何保证民众（基本指农民）的生活（再生产）是历代王朝最大的政治课题。儒家认为周代的井田制（一里九百亩的方形土地被分成九等份，中央为公田，周围的八块为私田，分给八户人家。公田由八户人家共同耕种，其收获作为税金。一里约为五百米）最为理想，但没有证据表明井田制在现实中被实行过。

与井田制一脉相承的有曹操的屯田制，西晋武帝的占田课田制，北魏孝文帝的均田制。隋唐的均田制规定每丁分八十亩口分田（死后归还国家）和二十亩永业田（合计一百亩，约六公顷），与之对应的租庸调则相当于一年五十天的力役。除此以外，假定农民还要服最多四十天的杂役，那么其租税负担换算成服役时间大约占去了一年的四分之一。在此基础上，农民还要服兵役（府兵制），所以他们的实际负担被认为达到了总收获量的五至六成。顺带一提，现在欧洲的国民负担率约为六成，而负担较轻的日本约为四成。与北魏的均田制相比最大的不同是，取消了给奴婢、耕牛的授田，这如实反映了相对于大地主（贵族阶层），皇权得到了强化的社会事实。

此外，除了人头税（租庸调），还有地税和户税。均田制的实施得到了敦煌和吐鲁番出土的文献的证实，但在大土地所有制不断发展的中原地区，均田制的实施程度如何，关于这个问题目前还没有定论。有意思的是，从敦煌的户籍上看，女性人口是男性的两倍以上。这大概是因为当时的人们为了减轻税负，把男性伪装成女性登记了吧。

年里，变革的能量一直在积蓄。有人认为，《开皇律》是世界上第一部确立"罪刑法定原则"的刑法典。当时的西欧还处在领主可以随心所欲或依照旧俗对其领地内民众进行裁决的时代，由此可见，中国的文明是多么先进。需要指出的是，均田制和府兵制作为这一系列政策的核心，体现的是国家直接均等掌控成年男性并加以支配的民众支配理念（个别人身支配[①]），

---

① 由日本学者西岛定生提出。

【三省六部】

　　"三省"指中书省、门下省、尚书省。中书省是直属皇帝的政令立案和立法机构，门下省是上述政令和法案的审查机构，尚书省是行政机构，左、右仆射之下设六部。"六部"是指吏部（人事院①）、户部（财务省）、礼部（文部省）、兵部（国防省）、刑部（法务省）、工部（建设省），这项制度原则上一直维持到清代。作为长官的中书令、门下侍中、尚书令及左右仆射一般被称为宰相。

　　另外，作为对六部的补充，朝廷还设置了负责事务执行的机关"九寺五监"，以及独立负责官吏监察的御史台。"九寺"是指太常寺（祭祀）、光禄寺（宫廷宴会诸事）、卫尉寺（宫廷警卫和仪仗）、宗正寺（宗室、僧侣及道士的管理）、太仆寺（车马管理）、大理寺（刑罚的施行）、鸿胪寺（外交，日本鸿胪馆的由来）、司农寺（财政、国税）、太府寺（出纳、市场、交易、物价管理）。"五监"是指国子监（儒学的普及与督学）、少府监（手工业、货币的铸造）、将作监（土木工程）、军器监（兵器的制造）、都水监（河川、港口、水运的管理）。

　　然而，随着皇帝独裁权的确立，拥有封驳权，即有权将诏书退回中书省的"贵族牙城"②门下省逐渐被削弱，早在唐朝后半期就失去了作用。但总的来说，在隋唐帝国，政府的组织、制度以及与行政相关的几乎所有项目都有成文的规定，这在当时的世界上无疑是具有惊人的先进性的。

其先决条件并不一定是国家财政和国防上的需求。

　　此外，隋文帝还推行了以佛教为中心的宗教政策，几乎可以称得上是一种佛教治国政策了。由著名建筑师宇文恺（555—612）一手打造的长安大兴城，取代洛阳和建康，成了佛教的中心。作为隋朝的国寺，大兴善寺恢弘的房舍，一定

---

① 本句六个括号内均为日本行政机关名，应是作者为便于日本读者理解的考虑。
② 日本学界观点，认为三省是代表贵族的机关，尤其是有封驳权的门下省。

曾让时隔一百五十年再次访问中国的倭国遣隋使（公元600年朝贡）惊叹吧。

在倭国，意欲接受佛教的苏我氏，覆灭了主张废佛的物部氏（公元587年），于公元596年建成了法兴寺（飞鸟寺）。顺便一提，圣德太子被认为曾与大臣苏我马子一起主导倭国的政治，但由于缺乏确凿的史实，很多人认为圣德太子并不是真实存在过的人物，而是以厩户王为原型，由后世塑造出来的形象。

隋文帝晚年，在全国一百一十一处要地建立了仁寿舍利

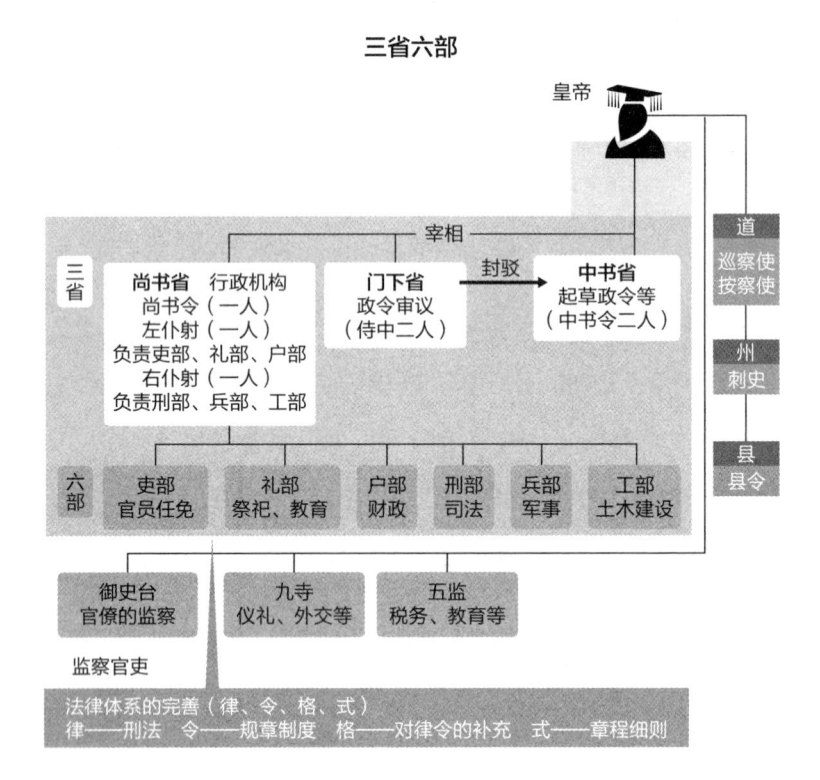

三省六部

皇帝

三省：
- 尚书省 行政机构
  - 尚书令（一人）
  - 左仆射（一人）负责吏部、礼部、户部
  - 右仆射（一人）负责刑部、兵部、工部
- 门下省 政令审议（侍中二人）——封驳——
- 中书省 起草政令等（中书令二人）

宰相

道 巡察使 按察使
州 刺史
县 县令

六部：
- 吏部 官员任免
- 礼部 祭祀、教育
- 户部 财政
- 刑部 司法
- 兵部 军事
- 工部 土木建设

御史台 官僚的监察
九寺 仪礼、外交等
五监 税务、教育等

监察官吏

法律体系的完善（律、令、格、式）
律——刑法　令——规章制度　格——对律令的补充　式——章程细则

塔（日本国分寺的起源）作为信仰的中心。隋文帝次子杨广扳倒兄长、皇太子杨勇，于公元600年成为皇太子，即位前也从天台宗的创始者天台智者大师智𫖮（538—597）处得授菩萨戒。可见，隋朝是一个非常重视佛教的朝代。

公元604年，隋高祖文帝去世（很多人认为他是被杨广所杀），杨广即位。他就是隋朝第二位皇帝隋炀帝（604—618年在位）。隋炀帝将洛阳定为事实上的都城，并于公元605年下令修建连接南北的大运河。淮水和长江之间的运河段早在隋文帝统治时期就已经开通，所以隋炀帝开凿的主要是连接黄河和淮水的通济渠、连接黄河和天津的永济渠，以及从长江到杭州的江南运河。公元610年，南北长达两千五百公里的大运河开通了。

隋文帝

隋炀帝

隋炀帝被江南的繁华所吸引，建造龙舟游幸江都（扬州）。历经六朝，江南的生产力急剧扩张，因此，大运河的开通为中国带来了流通革命,为唐朝三百年的繁荣打下了基础。此外,位于通济渠和永济渠的联结点上的开封,战略地位有了显著提升。

公元606年,在印度,曷利沙·伐弹那(戒日王,606—647年在位)即位,统一了自笈多王朝灭亡(公元552年)以来一直处于混乱中的北印度。曷利沙本身也是一位诗人,虽然信奉湿婆神,但对宗教持宽容态度,都城曲女城十分繁荣。但是,由于曷利沙的国家统治组织不完善,完全依赖他的个人魅力,所以他死后,他的国家很快就瓦解了。

公元607年,颁布了《大业律》、完善了法度的隋炀帝,对出征也表现出了热情。吐谷浑(由鲜卑慕容氏统治)在青海通过转口贸易获得了巨额利益。隋炀帝征服吐谷浑,掌握了西域的贸易路线。公元610年,他召集西域各国首领,在洛阳举办了一场大型国际交易会(博览会的先驱)。此外,他将国家南部的版图扩大到了流求(台湾地区)和林邑(越南中部的占婆国),但是三次出征高句丽(612—614)均以失败告终。

公元615年,隋炀帝在对外征伐途中,在雁门关(山西省北部的要冲)被突厥人包围。因大运河的开凿和接连不断的征战而疲惫不堪的民众在全国各地发动了起义,从公元616年起,隋炀帝只能躲在江都避乱。公元618年,隋炀帝被统领禁军的宇文化及(?—619)和宇文智及(?—619)兄弟所杀,隋朝灭亡。

李渊于公元617年向东突厥汗国借兵起事，次年登上帝位（唐高祖，618—626年在位），建立了唐朝。李渊和隋炀帝是表兄弟。李渊的祖父是西魏的八柱国之一，也是武川镇军阀出身。至公元623年左右，唐高祖的次子李世民平定了全国各地二十余股割据势力，展现出天才般的军事才能。

　　因被隋朝攻打而感到危机的高句丽于公元619年，新罗和百济则于公元621年，迅速向唐朝称臣纳贡。倭国也在公元630年派出了遣唐使。

　　此外，西藏出现了第一个统一的政权吐蕃（618—842）。登上王位的松赞干布（629—649年在位）在著名宰相噶尔·东赞[①]（590—667）的辅佐下打败吐谷浑，使国势得到了提升。公元634年，吐蕃向唐朝纳贡，求娶公主（皇室之女）。几经波折后，文成公主（？—680）下嫁。文成公主为西藏文明的发展做出了贡献。

松赞干布与文成公主像（四川省松潘县）

---

① 即禄东赞。

松赞干布修建了大昭寺，以供奉文成公主带去的释迦牟尼像，并接受了佛教。此外，从尼泊尔嫁到吐蕃的尺尊公主（布里库提）也带来了密宗派系的印度佛教。据说，受唐朝的影响，吐蕃设立了冠位十二阶制度，这与倭国的情况相似。据说倭国在公元600年派遣唐使目睹了中国的威仪后，制定了《十七条宪法》和"冠位十二阶"，以与中国抗衡。

面对时隔四百年再次登场的中华大帝国，周边诸国在惊愕之余，不得不绞尽脑汁思考何去何从。

长安之春（贞观之治）

唐高祖李渊几乎完全延续了隋朝的制度。准确来说，他否定了隋炀帝时代，试图恢复开皇之治时期的制度。他废除《大业律》，重新起用了《开皇律》。隋文帝与唐高祖李渊的关系，和秦始皇与刘邦的关系非常相似。对农民的严格统治引发了隋朝末年的大动乱，出于对此的反思，唐朝虽然保留了乡里制，但废除了乡正，将管理乡里事务的权限交给里正，尊重农民的自治。

另外，散村由村正管理，城市里的区划（坊）由和里正相当的坊正进行管理。公元621年，李渊实行货币改革，以开元通宝取代五铢钱，公元624年，新律《武德律》颁布，确立了均田制和租庸调。

李渊虽立长子李建成为皇太子，但次子李世民的能力和声望出类拔萃。李建成麾下忠臣魏徵（以诗句"人生感意气"闻名，580—643）一直劝皇太子除掉李世民，但皇太子并没有采纳。公元626年，李世民在玄武门之变中杀害了皇太子等人，软禁唐高祖李渊，登上了皇位。这就是后来被誉为中国历史上最杰出的君主之一的唐太宗（626—649年在位）。

被带到太宗面前的魏徵，对太宗一阵痛骂。此后，太宗对魏徵却十分器重，时常听取他的谏言。公元627年，年号改为"贞观"。太宗在政务上起用了房玄龄（578—648）、杜如晦（585—630）等能臣。这一时期被称为"贞观之治"，唐太宗开创了继西汉的"文景之治"以来的又一个盛世，这样的盛世在漫长的中国历史中也只出现过四次。

太宗与大臣的问答录，后来被整理成《贞观政要》，成了汉字文化圈的政治圣经。我们现在看到的《贞观政要》是元代整理、校订的版本。众所周知，忽必烈喜欢读《贞观政要》，并广泛招揽像魏徵一样的人才。

公元628年，玄奘（602—

唐太宗

664）违背当时的禁令，私自出国前往印度。幸运的是，这一时期，由于戒日王的存在，北印度十分安定。在那烂陀寺学习后，玄奘于公元645年回国，向唐太宗提交了一份名为《大唐西域记》的记录。此后，他一生都致力于翻译自己带回来的佛经。有观点认为，玄奘的见闻对太宗掌控西域有很大的贡献。

玄奘的新译以译文的准确性著称，但也有人认为不如鸠摩罗什的以意译为主的旧译那样流畅华美。公元671年，自小就仰慕法显和玄奘的义净（635—713）从海路前往印度，在二十五年间游历了马来西亚、印度尼西亚等三十余国，于公元695年回国，著有《南海寄归内法传》。和唐太宗对玄奘一样，武则天也很厚待义净。

公元630年，唐朝名将李靖（571—649）擒获东突厥的颉利可汗（？—634），东突厥汗国（第一帝国）暂时灭亡。兵强马壮的突厥的灭亡令西域各族首领为之震撼，自此尊称唐太宗为"天可汗"。唐太宗成为第一个集皇帝和可汗称号于一身的人，成为后来的元朝和清朝皇

玄奘

帝的先驱。唐太宗不干预西域各部族的内部政治结构，而是采取羁縻统治（羁縻政策，政治、军事、文化上的隶属关系。羁是指马笼头，縻是指牛缰绳，是束缚控制的意思）监督各族首领，对于外部诸国，则以册封关系为主。

义净

此外，和亲政策也对稳定唐朝与西域各国的关系起到了很大的作用。如前文所述，公元641年嫁入西藏的文成公主为西藏的发展做出了贡献，至今仍受到人们的崇敬。随着唐朝向西域扩张，西方的文化和物品也大量流入了首都长安。在唐太宗统治时期，琐罗亚斯德教（祆教）已经传入长安，景教（基督教聂斯脱里派，教堂称波斯寺，后改称大秦寺）于公元635年，随着阿罗本（景教的主教）的到来传入中国。最终，摩尼教也于公元694年传入了中国。考虑到与回鹘的关系，唐朝对摩尼教进行了保护。这三个教被合称为唐代"三夷教"。唐太宗认可了传教的自由。

以粟特商人为代表的胡人（来自西域的人）将形形色色的东西带入了中国。"胡瓜""胡麻""胡椒"等，带"胡"字的东西都是如此。"胡饼"不是糕饼，而是以面粉为原料制作的类似面包或馕的食物。面食在唐代开始普及，这推动了小麦的增产。人们喜欢戴"胡帽",穿"胡服",喜欢吃以"胡饼"为代表的"胡食","胡曲"("胡乐")也很流行——想想牛仔裤、汉堡包和爵士乐,就容易理解了吧。"打球"(马球)也是其中之一。

在长安的街市,客席边有雪肤碧眼的美姬侍候。在丝绸之路上,由于骆驼商队货物装载量的限制,除了奴隶贸易之外几乎没有其他交易。长安正在变成像现在的纽约一样的国际大都市。据说,当时长安的气温比现在高两至三度。繁花似锦的长安之春到来了。顺带一提,长安的中轴线是子午线的投影,宫城的位置对应天空中心的北极星。都城长安可以说是天命所归的皇权正统性的"可视化"展现。

公元636年,唐太宗重建府兵制,将全国六百三十多处折冲府(军府)集中到长安和洛阳一带,将兵力集中到了京畿地区。公元637年,《贞观律》颁布,基本完善了律令体制的唐太宗于公元640年灭高昌国(位于吐鲁番盆地,460—640),设置安西都护府(著名的六大都护府之一)作为经营西域的据点。

安西都护府于公元658年迁至龟兹,一直存续到公元790年,为丝绸之路的贸易发展做出了巨

【六大都护府】

指为统辖边境而设置的众多都护府中,位于战略要地的六个都护府:安西、北庭(公元702年从安西都护府分离出来,由武则天设置,管理天山山脉以北地区)、安北(公元647年设立,管理漠北地区)、单于(公元664年设立,管理漠南地区)、安东(公元668年灭高句丽后,在平壤设立,管理朝鲜半岛)、安南(公元679年,设于交州,管理越南)。

大的贡献。更准确地说，丝绸之路贸易应该只在安西都护府存在的时代进行过。尽管丝绸之路曾是一条信息和人员往来的通道，但自然条件恶劣，并不适合贸易。欧亚大陆东西部之间的贸易主要是通过海路和使用马匹的草原丝绸之路进行的。

就这样，唐朝开始急速扩张，而周边诸国就是否臣服于唐朝产生了分歧。高句丽大将渊盖苏文（？—665）发动政变，杀害欲与唐朝亲善的荣留王（618—642年在位），拥立宝藏王（642—668年在位），采取强硬的对外政策。这大概是高句丽的自负吧，毕竟他们曾与突厥汗国联手击退过隋朝的进攻。

百济的义慈王（641—660年在位）为了强化王权，在即位的同时，驱逐了有势力的贵族。他将王子丰璋等人送往倭国，巩固了与倭国的同盟关系。公元642年，义慈王亲征新罗取得胜利，同年与昔日宿敌高句丽结盟（丽济同盟）对付新罗。想想希特勒和斯大林签订的《苏德互不侵犯条约》，就好理解了。公元644年，唐朝以惩罚弑君者的名义出兵高句丽。公元645年，唐太宗亲征，但高句丽善战，唐太宗只能撤军（第一次进攻），终究没能让高句丽屈服。

当唐军在高句丽苦战时，东南亚方面，扶南的属国、高棉人建立的真腊独立，反过来吞并了扶南。公元645年，倭国也发生了政变，权倾一时的苏我氏嫡系覆灭。这场政变被称为乙巳之变。有观点认为，与高句丽和百济一样，对唐朝的不同态度是这场政变背后的原因之一。对倭国来说，百济与宿敌高句丽结盟，恐怕是意料之外的事。

为对抗丽济同盟，新罗的善德女王（632—647年在位）与唐朝亲睦，但新罗国内分裂为亲唐派和反唐派，导致了内乱的发生。大将金庾信（595—673）于公元647年辅佐真德女王（647—654年在位）登位，消灭了反唐派。有观点认为，包括倭国在内的四国的内乱和政变，都是围绕对唐朝的态度而发生的冲突，在根本上是共通的。

公元649年，唐太宗去世，葬于昭陵。据说，唐太宗擅长书法，对王羲之的《兰亭序》爱不释手，甚至将其纳入了随葬品之列。在热爱书法的唐太宗统治期间，优秀的书法作品层出不穷。楷书在初唐时期基本定型，欧阳询（557—641）、虞世南（558—638）、褚遂良（596—658）三大家做出了很大的贡献。这三位大家同时也是高级官员，还是唐太宗设立的弘文馆（国立大学）的学士（教授）。此外，孔颖达（574—648）奉太宗之命，编纂了《五经正义》，这可以说是儒教的国定教科书。人物画名家阎立本（约601—673）也是这一时期的人物。

音乐也被整理成了"十部伎"的形式，在宫廷里演奏着包括西域在内的各个地区的音乐。这其中的一部分传入日本，成为雅乐的源头。此外，唐太宗还设立史馆，敕命编纂《隋书》以及缺失的魏晋南北朝正史。自魏晋南北朝以来，由于纸张的普及，积累了庞大的文献，正史的编纂已经到了不分工合作就不可能完成的程度。随着史馆的发展，作为正史编纂基础的"实录"（以编年体形式记载每位皇帝在位时的主要事件）的编写程序也被确定了下来。司马迁和班固为"家学"（以家或氏族为单位的学术继承）献身的时代已经一去不返了。如何在历史中定位继承拓跋部血脉的唐朝，这是唐太宗最关心的点。

唐太宗很重视《晋书》，也就是各部族大迁徙的时代，他的先祖正是在那时来到中原的。在唐太宗的时代，历史开始被看作一门独立的学问。刘知幾（661—721）的《史通》（公元710年）堪称史学概论，是历史学科得以独立的伟大纪念碑。儒家一味尊崇上古（一般指先秦时期的夏商周），史学的独立则为尊重近现代，即进步史观，开辟了道路。

唐太宗和隋炀帝在后世分别成了英主和暴君的代名词，但仔细比较一下两人的事迹，就会发现他们并没有太大的差别。两人上位前都杀死或废黜了身为太子的兄长，又幽禁或杀害了君父。此外，他们都积极对外征战，且都没有战胜高句丽。

唐太宗为了洗刷杀害太子的污名，竭尽所能地让自己成为一位英主。唐太宗能力出众，这一点毋庸置疑。但是，在他之前的隋文帝和隋炀帝也有如开凿大运河等诸多事迹，为唐朝打下了基础，他们也可以称得上是优秀的皇帝。想来，唐太宗背负着篡位者的负疚感，这使他更加需要把自己包装成一位英主,与此同时利用易姓革命的思想把隋炀帝贬低为一位暴君。

密教的诞生和印度佛教的衰退

公元650年左右,《大毗卢遮那成佛神变加持经》(简称《大日经》)在印度编写完成,密教(晚期大乘佛教)出现了。几乎在同一时期,印度教中的怛特罗密教(Tantrism)也开始在南印度传播。"怛特罗(Tantra)"原本是织物的意思,指的是印度教性力派(Shaktism)的经典。"Shakti"的意思是湿婆的神妃的性力,进而逐渐引申为威力、能量及宇宙的根本原理。

性力派注重瑜伽的实践,念诵曼怛罗(真言),并以曼荼罗(画像)的形式描绘以主尊为中心的诸神的集会。这种做法也被引入了佛教。在此之前,佛教经典一直沿袭着佛陀向广大民众宣讲教义的形式(显教),至此第一次出现了毗卢遮那佛(大日如来)对特定的修行者秘密宣讲教义的典籍。根据《大日经》绘制而成的曼荼罗被称为"胎藏界曼荼罗"。

约公元680年,《金刚顶经》问世。这是大日如来阐释金刚(钻石)般坚固不坏的智慧的典籍,据此绘制而成的曼荼罗就是"金刚界曼荼罗",展示了五相(五如来)成身观的冥想法。这两部经典是分别完成的。印度僧人善无畏三藏

(637—735）在公元725年左右将《大日经》翻译成了汉文。几乎在同一时期，印度僧人金刚智三藏（669—741）和弟子不空三藏（705—774）完成了《金刚顶经》的汉译。后来，不空的弟子、被唐朝皇帝尊为国师的惠果（746—806）将两个系统的密教融合在了一起。众所周知，空海①曾跟随惠果学习。

胎藏界曼荼罗　　金刚界曼荼罗

【两界曼荼罗】

《大日经》教义的图解被称为胎藏界曼荼罗。胎藏界曼荼罗分为十二个区域（院），中央绘有八枚花瓣的莲花。这部分被称为中台八叶院，大日如来坐镇中央。此外，东西南北各有一佛，四佛之间为四尊菩萨。《金刚顶经》教义的图解被称为金刚界曼荼罗。金刚界曼荼罗分为九个区域（九会），中央为成身会。

成身会的主尊为大日如来，东南西北分别为阿閦佛、宝生佛、无量光佛（即阿弥陀佛）、不空成就佛。这五佛被称为"五智佛"或"金刚界五佛"。此外，在五佛的四周还描绘了与各佛关系密切的四亲近菩萨。这两部曼荼罗合称"两界曼荼罗"。不过，以上是日本的说法，藏传佛教等的曼荼罗在形式上会有所不同。

密教是大乘佛教的最终形态之一，有立足于菩提心（受精卵）、大悲（子宫）和救济众生（新生儿）的关系之上等阐释方式。最澄和空海从中国带回日本的就是密教的这些内

---

① 空海（774—835），日本僧人，日本佛教真言宗创始人。

容。此外,由于密教的经典并没有被全部译成汉文,所以并不是印度密教的所有内容都传入了日本。尤其是在藏传佛教中可以看到的那些受印度教性力派的影响,将性结合作为仪式中心的典籍,并没有传入日本。

为了对抗印度教,佛教相继产出了大乘佛教和密教,但这也是一个舍弃自身独特性(基础),登上印度教搭建的擂台的过程。这就好比猜拳时比别人晚出手(跟风行事),走上衰退的道路是必然的。

7世纪末,在处于三国鼎立时代的南印度,那衍纳尔派(湿婆派信徒)和阿尔凡斯派(毗湿奴派信徒)的诗人们继承了桑伽姆的爱的传统,开始了宣扬对主神的爱及绝对皈依的巴克提运动,立足于民众的崭新的印度教诞生了,而佛教则最终被这股浪潮所吞没。佛陀被描述成毗湿奴的化身之一,偏居于印度教万神殿的一角。

此外,前文中也提到过,佛教的根基在城市,因此,城市的衰退也给佛教造成了严重打击。出生在虔诚的巴克提信徒家庭的吠檀多派学者商羯罗(约700—749),将主张梵(宇宙的根本原理)我(个体的根源,真我)合一的"不二一元论"发扬光大,后来被誉为印度最伟大的哲学家。顺带一提,"吠檀多"意为"吠陀的末尾",指的是《吠陀》末尾所说的《奥义书》(Upanishad)。

不过,印度佛教发现了新天地,那就是西藏。大乘佛教曾经传入西域,但由于伊斯兰浪潮的冲击,佛教很难再从印度向这些地方传播。但跨越喜马拉雅山的路线并没有受到伊斯兰的影响。公元641年，文成公主和来自尼泊尔的尺尊公主在嫁给吐蕃的松赞干布时，分别将汉传佛教和印度佛教带入了西藏，但佛教当时并没有那么兴盛。

赤松德赞（742—797）即位后，从那烂陀寺请来了寂护（？—787），随后，莲花生带来了密教。接着，在公元794年，寂护的弟子莲花戒被请到西藏，在桑耶寺的辩经大会上，驳斥了来自敦煌的中国禅宗名僧摩诃衍，从而确立了印度佛教在西藏的地位。

公元842年，朗达玛（836—842年在位）灭佛引发混乱，吐蕃灭亡，但印度佛教已经在西藏扎下了根。这便是藏传佛教（喇嘛教）。以印度系文字为基础的藏文也被创造了出来。

桑耶寺辩经

先知穆罕默德

公元610年，从迦太基起家的希拉克略（610—641年在位）登上了罗马帝位。由于查士丁尼一世统治时期的蛮干，罗马帝国已经彻底衰落。保加尔人和源于潘诺尼亚平原的阿瓦尔人（柔然，也有说法称他们与嚈哒人有关联）也从北方入侵罗马。希拉克略的首要任务是全力以赴重建帝国。

早在公元602年，萨珊王朝君主霍斯劳二世（590—628年在位）见罗马帝国陷入困境，就乘机发动了战争。这场罗马-萨珊战争一直持续到了公元628年。公元614年，霍斯劳二世占领了叙利亚和巴勒斯坦，将耶路撒冷圣墓教堂的圣十字架作为战利品带了回去。

在此基础上，霍斯劳二世还于公元619年征服了埃及，从而使萨珊王朝的领土得到了极大的扩张。霍斯劳二世几乎收复了阿契美尼德王朝昔日的领土。绝望的希拉克略一度被逼到考虑逃往迦太基的境地，但他还是重新振作精神，着手重建军队。

当希拉克略从迦太基出发前往君士坦丁堡时，在阿拉伯半岛麦加郊外希拉山上的洞穴中冥想的穆罕默德，通过天使吉卜利勒（加百列）第一次得到了安拉（神，准确地说是安拉胡，与犹太教、基督教信奉的是同一位神）的启示，开始意识到自己的先知身份。虽然穆罕默德并不识字，但神的启示直达他的内心。这些启示被记录下来，汇集成了《古兰经》。至此，继犹太教和基督教之后，第三种闪米特一神教（起源于闪米特语世界，即今天的中近东地区的崇拜同一神的宗教）诞生了。

不过，曾是一名商人的穆罕默德，有着对阿拉伯社会的传统做出让步的现实智慧，他认可镇尼（精灵）的存在，并延续了到克尔白巡礼（朝觐）的习俗。阿拉伯各部族每年都会聚集在麦加，举行赛诗会，获胜的诗作会被悬挂在克尔白神庙的墙上。这个传统稍作改变，就成了对神的启示的诵读。顺带一提，"古兰"一词原本是"诵读"的意思。

公元622年，穆罕默德在多神教控制下的麦加受到迫害，于是带着七十多名信徒移居到了北方的雅斯里布（麦地那）。这次迁徙在伊斯兰教中被称为希吉拉（圣迁），并被定为希吉拉历元年。人们习惯将这之前的时代称为"蒙昧时代（贾希利耶）"。贾希利耶最根本的特点在于"易怒的性情"，表现为因无知而产生的野蛮和傲慢，以及慢性的暴力和报复倾向，而《古兰经》则敦促人们对此持宽恕（希勒姆）的态度。

同样在公元622年，积蓄了力量的希拉克略开始了对萨珊王朝的反击。同年，穆罕默德将礼拜的方向从耶路撒冷改成了麦加的克尔白。公元624年，希拉克略击退了阿瓦尔人并继续亲征，于公元627年在尼尼微战役中击败了霍斯劳二世，次年（公元628年）攻入了萨珊王朝的首都泰西封。

霍斯劳二世被暗杀后，希拉克略与霍斯劳二世的儿子、继位的喀瓦德二世（公元628年在位）和谈，拿回了圣十字架，尔后又从波斯人手中夺回了埃及、叙利亚和亚美尼亚。这个时期，罗马帝国在小亚细亚半岛引入了一种被称为"塞姆制"的军区制。这种制度取代了以往细分化的行省制（戴克里先将军权和行政权分离），赋予军队司令官以行政权，可以说是一种兵农合一的制度，或者说是一种屯田兵制。这种军区制是罗马帝国复兴的决定性因素。

拿回圣十字架的希拉克略（阿雷佐的教堂壁画）

经过多次战斗，穆罕默德于公元 630 年攻克了麦加，并进入传说由亚伯拉罕建造的克尔白神庙，清除了所有偶像。公元 632 年，在结束了麦加朝觐后，穆罕默德在爱妻阿以莎的看护下，于麦地那家中逝世。与佛陀和耶稣不同，穆罕默德直到最后都过着普通的家庭生活。

此外，也因为诞生于商人之城麦加，与犹太教和基督教相比，伊斯兰教有着更为合理的教义。直到今天，仍有很多人误解伊斯兰教是诞生于沙漠的严格的一神教，但主张这种观点的人好像多数都没有读过《古兰经》。要说伊斯兰教的本质是更加商人化、都市化的宗教也丝毫不为过。即使是现在，清真寺周围人员聚集的地方不也满是被称为"巴扎"的商业街嘛。

尽管穆罕默德被认为是与亚伯拉罕和耶稣一脉相承的最后一位，也是最伟大的先知，但由于他是人类，所以不能成为礼拜的对象，再加上伊斯兰教禁止一切偶像崇拜，所以穆罕默德甚至连画像都没有留下。因此，2005 年丹麦报纸上刊登讽刺穆罕默德的漫画的事件，发展成了外交问题。

此外,"9·11事件"以后,一提到伊斯兰,很多人就会联想到"吉哈德"(圣战),但"吉哈德"一词原本是精神上的努力和奋争的意思,而"圣战"一词在历史上其实更多地与基督教联系在一起,如十字军东征等。

伊斯兰世界的扩张

穆罕默德死后,他的战友艾布·伯克尔(632—634年在位)接受拜伊阿(一种源于阿拉伯商业习俗的效忠宣誓),就任哈里发(意为先知的代理人),领导刚诞生不久的伊斯兰共同体(乌玛)。艾布·伯克尔是穆罕默德的爱妻阿以莎的父亲。对乌玛而言,幸运的是,初期的三位哈里发都很有能力。在这三位哈里发执政的四分之一个世纪的时间里,伊斯兰帝国的骨架基本成形。

艾布·伯克尔

穆罕默德是兼有宗教和世俗两种权力的最高领导人,但哈里发只继承了世俗权力,宗教权力则交给了欧莱玛[①](学者、知识分子)。宗教上的问题,可以通过民众信任的欧莱玛所提出的法特瓦(法律意见)等来解决。法特瓦的传统一直延续到了今天,是伊斯兰社会的一大特征。

---

① 一译乌里玛。

艾布·伯克尔在平定阿拉伯半岛后，于公元634年去世，欧麦尔（634—644年在位）成为第二任哈里发。骁勇的欧麦尔年轻时似乎曾迫害过伊斯兰教徒，这让人联想到保罗。根据《古兰经》，战利品的五分之一要被送到哈里发那里，因此麦地那哈里发的权力越来越大。

欧麦尔开始向军人支付现金俸禄（Aṭā），并为此设立了政府机构（迪万）进行管理。此外，他还制定了希吉拉历。公元636年，欧麦尔在雅穆克战役中大败罗马军队，将叙利亚纳入了版图，随后进入了耶路撒冷。耶路撒冷是穆罕默德升天之地，也是继麦加、麦地那之后伊斯兰教的第三个圣地。

进城后，欧麦尔首先拜谒了圣所（穆罕默德升天的岩石）。公元692年，现存最古老的伊斯兰建筑——岩石圆顶寺就在这块圣岩之上建成。接着，欧麦尔来到基督教圣地——圣墓教堂，命令一名随从妥善管理教堂。这个伊斯兰家族直到今天仍忠实地遵从着欧麦尔的命令，保管着圣墓教堂的钥匙，每日早晚开关教堂。

同样是公元636年，阿拉伯军队在卡迪西亚战役中击败波斯军队，开始了对伊拉克地区的征服。公元638年，作为征战基地的巴士拉城建立。这是伊斯兰最早的军营城市（米斯尔）。将充满血性的军队带入城市，容易发生抢掠和各类暴行，激化与市民之间的冲突。而阿拉伯军队拥有避开这种情况的智慧。公元639年，第二个米斯尔——库法建成。公元642年，尼哈旺德战役后，萨珊王朝已经名存实亡，而罗马军队从亚历山大城撤退则意味着，罗马帝国继叙利亚之后又失去了埃及。我们仿佛都能听到希拉克略的叹息声了。毕竟这可是耗费多年才刚从萨珊王朝手中夺回的领土。

伊斯兰军队以破竹之势打败两大帝国，这背后，是罗马帝国和萨珊王朝超过四分之一世纪的争斗。这就好比两大帝国进行了长达四分之一世纪的横纲级[1]相扑，当双方都精疲力竭时，一个年轻有活力的力士登场了。同样在公元642年，伊斯兰军队在尼罗河东岸建立了福斯塔特城（米斯尔）。公元969年诞生的开罗就脱胎于这座城市。

公元644年，欧麦尔因个人恩怨被奴隶暗杀，奥斯曼（644—656年在位）就任第三任哈里发。奥斯曼是穆罕默德的女婿，出身于倭马亚家族。众所周知，他加入伊斯兰教的时间仅次于艾布·伯克尔。公元650年左右，奥斯曼对圣典《古兰经》进行了辑录和编纂。因为距离穆罕默德去世的时间并不长，所以直接接受过他的教诲的人还有很多。在完成了《古兰经》的编定后，奥斯曼销毁了所有异本和外典。

伊斯兰教中之所以完全没有《古兰经》的异本，原因就在这里。这也是伊斯兰教与基督教最大的区别之一。此外，《古兰经》是将安拉的启示原封不动地用阿拉伯语记录而成的经典，是不允许翻译的。直到现在，全世界的伊斯兰教徒（被称为穆斯林）都是用阿拉伯语学习《古兰经》的。

---

[1] 横纲是日本相扑运动员（力士）的最高级别。

倭马亚王朝的建立

公元651年，萨珊王朝的伊嗣俟三世（632—651年在位）在木鹿城被杀，萨珊王朝灭亡。同年，奥斯曼的使者到访唐都长安。萨珊王朝的皇太子经丝绸之路逃到长安，建立了流亡政权，但没能东山再起。不过，长安的波斯人数量因此剧增，也难怪当时会有波斯人访问日本了。据《续日本纪》记载，圣武天皇曾于公元736年授予波斯人李密翳官职。

公元656年，奥斯曼在诵读《古兰经》时，被叛变的士兵杀害。奥斯曼所居住的是麦地那的一处普通住宅，并没有很好的防御装置。奥斯曼死后，穆罕默德的女婿阿里（656—661年在位）成为第四任哈里发。阿里是穆罕默德的堂弟，娶了穆罕默德与赫蒂彻的女儿法蒂玛为妻。法蒂玛和阿里生有两个儿子：哈桑和侯赛因。据说穆罕默德特别疼爱这两个孙辈。

后来，奥斯曼的"染血的古兰经"与先知之剑、斗篷、手杖等一起成了哈里发权力的象征。出身名门倭马亚家族的大马士革总督穆阿维叶要求查明奥斯曼被暗杀的真相，与阿里对立，从而引发了第一次内乱。穆罕默德的爱妻阿以莎也与阿里为敌。阿里在骆驼之战（公元656年）中击退了阿以莎，尔后于公元657年的隋芬之战中与穆阿维叶对峙。

两军都没有让步，暂时达成了和解，但这激怒了激进的哈瓦利吉派。哈里发和反叛者达成和解，这怎么可以？顺带一提，哈瓦利吉的意思是"出走者"。哈瓦利吉派向阿里和穆阿维叶两方都派了杀手。在大马士革宫殿里的穆阿维叶平安无事，但阿里于公元661年在库法的清真寺被杀害。

于是，从公元660年开始就自称哈里发的穆阿维叶（661—680年在位）正式就任哈里发，在大马

阿里

士革建立了倭马亚王朝（661—750）。自此以后，在伊斯兰世界中，继承阿里衣钵的阿里派（什叶派）与追随哈里发的多数派（逊尼派，意为"遵守传统者"）之间的斗争持续不断。

什叶派将继承阿里血统的领导者称为伊玛目。到阿里为止的时期一般被称为"正统哈里发时代"。

穆阿维叶在整备了宫廷后，重新开始征战。在正统哈里发时代，哈里发是住在麦地那的普通住宅里的穆斯林领袖，而穆阿维叶则成了国王或者说皇帝。聪明的穆阿维叶大约是考虑到了想要维持急剧扩张到这种程度的伊斯兰帝国，共和政体已不再适用，必须采用君主制。也许穆阿维叶是一个与恺撒有着相同愿景的人。

公元669年，伊斯兰军队进攻君士坦丁堡。此后，君士坦丁堡多次遭到伊斯兰军队的攻击，但坚不可摧的狄奥多西城墙丝毫没有被撼动。此外，罗马海军还拥有被称为"希腊

火"（公元678年首次投入使用的火焰喷射器，据说原料是类似石脑油的物质）的火器。他们点燃希腊火，将其投向敌舰。伊斯兰海军对此束手无策。

7—8世纪，罗马帝国虽然坚守住了首都，但在遭受伊斯兰军队侵扰的同时，保加尔人和斯拉夫人开始在境内横行，帝国陷入了生死存亡的危机之中。公元681年，保加利亚在巴尔干地区建国。伊斯兰军队势头正劲，丝毫没有要停歇的迹象，于公元670年在突尼斯兴建了凯鲁万城（米斯尔）作为控制北非的据点，又于公元671年选择了木鹿城作为远征中亚的据点。

公元680年，穆阿维叶去世，其子叶齐德一世（680—683年在位）即位，开始了哈里发的世袭制。同年伊斯兰教历一月十日，反对叶齐德一世即位的阿里次子侯赛因在卡尔巴拉战役中战死。当时，侯赛因离开麦地那的住处，正前往库法，那里有许多什叶派的支持者。途中，他遭到了倭马亚王朝军队的袭击。对于什叶派而言，卡尔巴拉成了新的圣地，伊斯兰教历的一月十日被定为哀悼侯赛因的纪念日（阿舒拉节），流传至今。

此外，据说侯赛因娶了萨珊王朝伊嗣俟三世的女儿沙弗尔巴努为妻。因此，什叶派的伊玛目（侯赛因的直系后裔）既继承了穆罕默德、阿里的血统，又继承了阿契美尼德王朝以来高贵的波斯王族的血统。这被认为是什叶派在伊朗占优势的原因之一。

卡尔巴拉的惨剧成了第二次内乱（680—692）的开端。阿卜杜拉·伊本·祖拜尔（624—692）在麦加举起反旗，什叶派的穆赫塔尔·塞盖菲（622—687）也在库法发动起义，他们与倭马亚王朝展开了三方混战。但是，最终还是实力更胜一筹的倭马亚王朝取得了胜利。在渡过第二次内乱的第五任哈里发阿卜杜勒·麦利克（685—705年在位）的统治下，倭马亚王朝迎来了鼎盛时期。

阿卜杜勒·麦利克在耶路撒冷建造了岩石圆顶寺，于公元695年发行了统一货币（第纳尔金币和迪尔汗银币），并推进了行政文书的阿拉伯语化，伊斯兰帝国的行政和经济得以更加高效地运行。进入8世纪后，货币经济得到进一步发展，原则上军人和官僚都可领取现金俸禄，这无疑是世界首创。第纳尔金币和迪尔汗银币作为国际货币，发挥了重要的作用。

第纳尔金币

迪尔汗银币

但是，在倭马亚王朝，阿拉伯农民受到优待（缴纳名为"乌希尔"的10%土地税），而异教徒农民则会被征收重税（人头税"吉兹亚"或"加瓦利"，外加30%～50%的土地税"哈拉吉"，不过萨珊王朝和罗马帝国的税金也并不比这个少）。于是，伊朗和伊拉克的农民纷纷抛弃土地，涌入城市，改信伊斯兰教。这些非阿拉伯裔的改宗者被称为"马瓦里"。如何应对马瓦里，成了大马士革政权的重大课题。

话说回来，穆罕默德死后不到半个世纪，伊斯兰军队就已经征服了从埃及到印度的辽阔土地，疆域几乎可以与过去的阿契美尼德王朝相匹敌。8世纪初，穆罕默德·伊本·卡西姆（695—715）率领海陆军队入侵印度河下游地区。尽管他们把"选古兰经还是剑（改宗还是战争）"挂在嘴上，但事实上，能投降和纳税就已经是最好的了，而改宗则是锦上添花。

伊斯兰军队最初完全由阿拉伯人组成，是绝对的少数派。其政权的运营以宽容为宗旨，只要接受伊斯兰的统治（即缴纳人头税），原则上各民族固有的宗教和习俗都受到保护。那些曾以叙利亚和埃及为大本营，在公会议上被视为异端而遭到排挤的基督教分支（一性论派教会），也许反倒是赶上了好时候。这些人被称为"齐米"（信奉同一上帝的"有经人"，其信仰自由得到伊斯兰政权的保障）。

在穆斯林眼里，犹太教徒和基督教徒只是在先行的先知（亚伯拉罕、耶稣）指引下信奉同一位上帝的"有经人"而已。这就是伊斯兰帝国能够迅速扩张的秘诀。随着时间的推移，习惯了宽容政权的人们，自然而然地皈依了伊斯兰教。因此，除了对原有的文化和语言有着强烈感情的波斯，阿拉伯语成了伊斯兰帝国的通用语。

此外，随着伊斯兰世界的扩张，乌拉尔图王国及阿契美尼德王朝以来的坎儿井①（Qanāt）技术也传播到了中亚、新疆（称其为 Karez）、北非和西班牙（称其为 Foggara）等地。坎儿井是一种暗渠，水分蒸发少，用于干燥地带的灌溉再合适不过了。

中国唯一的女帝

公元 649 年，唐太宗李世民死后，他后宫中的女子就被送进了尼姑庵。这其中有一位出身于关陇贵族旁支的女性，名叫武曌②。公元 652 年左右，唐朝第三位皇帝唐高宗（649—683 年在位）让武曌还俗，并将她纳入了自己的后宫。这是北方游牧民族

武则天

---

① 这是坎儿井起源的观点之一，而我国普遍认为坎儿井源于国内，为我国古代三大工程之一。
② "曌"是她即位后造的字，并以此为名。

中极为常见的收继婚习俗（妇女在丈夫死后嫁给其兄弟的习俗，世界各地都有类似的情况），撇开儒家不谈，对于有鲜卑血脉的唐室来说，更加算不上什么问题。

美貌聪慧且有政治头脑的武曌，得到了高宗的宠爱，于公元655年成为皇后（则天武后，现在一般称武则天）。武则天开始代替懦弱的高宗垂帘听政。之所以要垂帘（意为从帘子后面下达指示），是因为与秦始皇创立的"皇帝"这一称号相比，"皇后"这个称号的权威就低得多了。事实上，至今都没人知道秦始皇的皇后叫什么名字。因此，武则天考虑废止"皇帝"称号，并想出了"天皇"和"天后"这两个平起平坐的新称号。

公元654年，新罗的一代英主，武烈王（太宗，654—661年在位）即位。武烈王曾以特使的身份（当时自称金春秋）访问过高句丽、倭国、唐朝，熟知各国的国力和国际形势。他毫不犹豫地选择了与唐朝结盟，并开始使用唐朝的年号作为结盟的标志。定年号（历法）是帝王固有的权力。因此，新罗使用唐朝的年号，这其中所传达的臣服意味是再明确不过的了。公元657年，西突厥沙钵罗可汗（651—657年在位）败于唐朝，西突厥被纳入唐朝的羁縻统治之下（西突厥汗国灭亡）。

公元660年，唐朝开始了二圣（天皇唐高宗、天后武则天）政治，不过所有人都清楚，武则天已经取代懦弱的唐高宗掌握了实权。她不再坐在帘幕之后，而是与高宗并肩而坐,直接参与朝政。同样也是在公元660年,武则天应新罗的请求,出兵消灭了百济,并于公元661年出兵高句丽(第二次进攻)。倭国作为百济的同盟国,为助其复兴,应百济将领鬼室福信(？—663)等的请求,让被遣送至倭国的百济王子丰璋回国,并出兵朝鲜半岛。公元663年,在白江口之战中,倭军被唐和新罗的联军击溃。倭国陷入恐慌,加强了防御("水城"和"山城"就是很好的例子)。

也许有人会说,倭国的兵力明明比唐军多。话虽如此,但当时的倭国并没有像武烈王那样熟悉国际形势的人才。公元668年,武则天终于消灭了不易对付的高句丽(第三次进攻),在其首都平壤设立了安东都护府。三十年后的公元698年,高句丽遗民大祚荣(698—719年在位)在今中国吉林省建立了渤海国。

渤海国理所当然地向唐朝朝贡,积极吸收唐朝的文化。被称为"海东盛国"的渤海国与新罗关系紧张,因而与倭国交好。公元727年至919年间,渤海国共向倭国遣使33次。倭国向渤海国遣使13次。不过,8世纪以后,倭国和新罗的关系变得紧张,无法通过原来的航路自由地派遣遣唐使,于是绕道渤海国的路线成为倭国学习大陆文化和风物的宝贵途径。

公元674年,唐朝与新罗彻底决裂。对于倭国来说,这是意外之喜。唐朝和新罗之间的战争,给了倭国重整旗鼓的时间。新罗不希望安东都护府像汉朝的乐浪郡那样成为唐朝的前哨。不过,新罗很机灵,与唐朝开战的同时,也没有停止使用唐朝的年号。为了断绝后顾之忧，他们重视与倭国的外交，并且放低了姿态。7世纪后半期的三十年间，双方有多达三十余次的遣使往来记录。可见唐朝的威胁有多大。

公元676年，在得到新罗的谢罪后，武则天意识到再和新罗争斗下去也是无益，于是把安东都护府迁到了辽东，默认了新罗对朝鲜半岛的控制。但是，唐朝与新罗的关系暂时还处在冰点。进入8世纪，出于对抗渤海国的考虑，新罗与唐朝建立了稳定的关系，疏远了倭国。新罗制定了名为"骨品制"的五级身份等级制度，奖励佛教（佛国寺非常有名），致力于国家的建设。

与朝鲜半岛的三国时代相比，高句丽曾经的领土大部分都已经被纳入唐朝和渤海国的版图，因此，统一的新罗的领土基本局限在朝鲜半岛内。新罗、渤海国、倭国都曾向唐朝朝贡，可以看出，在唐朝统治时期，东北亚地区相对稳定。新罗商人在东亚非常活跃，在山东也有基地。

公元679年，唐朝在今越南河内设置安南都护府。公元682年，在颉跌利施可汗（骨咄禄，682—691年在位）的领导下，东突厥复国（第二帝国）。丹麦人威廉·汤姆森（1842—1927）根据这一时期在鄂尔浑河畔留下的突厥碑文（以突厥文字书写，由欧亚大陆中部的游牧民首次使用）解读出了突厥文字。随着东突厥的复国和渤海国的建立，唐朝的疆域缩小，变得接近汉朝。

公元683年，唐高宗去世后，武则天成为皇太后，并将两个老实的儿子（唐中宗、唐睿宗）依次推上皇位，但她并不满足。公元690年，武则天自己即位，改国号为"周"（武周革命，唐朝一度灭亡）。在北方游牧民族中，女性领袖并不少见，新罗也出过善德女王和真德女王。

而且，在北方的游牧民族中，嫡长子继承的观念（习俗）比较淡薄。实力才是最重要的。在隋唐帝国，皇位由嫡长子继承的情况反而比较少见。唐高宗在世时，武则天就已经成为最高权力者，她特别善于识人，疏远了有悠久历史的山东士族和开国功臣（关陇贵族），更加重视选举（科举），从全国各地选贤任能。国老狄仁杰（630—700）以"药笼中物"来表达对人才济济的自豪。

如此公正地秉持能力至上主义的王朝，说是史无前例也不为过。此后，科举制成了中国的一大特征。不过，在那个时代，通过家族"恩荫"晋升官位的途径依然存在。顺带一提，狄仁杰在后世与包拯（999—1062）齐名，成了公案小说（断案故事）的主人公，20世纪的小说《大唐狄公案》更是让他举世闻名。

狄仁杰

什么是"武韦之祸"

公元705年,年过八十的武则天病势沉疴,在拥立唐中宗(684年、705—710年在位)复位的政变中被迫退位,国号也被改回了"唐"。然而这回,唐中宗的妻子韦皇后(?—710)开始与女儿安乐公主(684—710)合谋专权,并于公元710年毒杀了碍事的丈夫中宗。唐睿宗第三子李隆基(唐玄宗,唐朝第六位皇帝,712—756年在位)起兵,杀了二人,扶持唐睿宗(684—690年、710—712年在位)复位,结果这回唐睿宗的妹妹、武则天的女儿太平公主(665—713)又试图掌握实权。经历了武则天的统治,女性变得格外强劲。

公元713年,唐玄宗派兵逼太平公主自尽,终于结束了女性主导的时代。宋代以后,随着儒家学说的渗透,中国女性被关在了家庭里,甚至还要被迫缠足。相比之下,与男性平等争权的武则天和韦皇后就活得恣意多了。日本的"女帝世纪"① 与这段时期的东亚风潮不无关系。

后世一般将这段由女性主导的约半个世纪的时期称作"武韦之祸"。武则天因喜爱怪僧和年轻男子而受到后世的批判,但与其他皇帝的后宫相比,这实在是微不足道。那么究竟"祸"在哪里?对于唐室的男丁和后世的儒家来说,这或

---

① 日本历史上一共有八位女天皇,有六位都出现在飞鸟、奈良时期,即公元6世纪末到8世纪初,因此,这段时期被称为"女帝世纪"。

许的确是一场灾难，但在这一时期，南北朝以来的贵族阶层被淘汰，来自全国各地的才俊进入了中央政府。社会的"透气性"有了显著的改善。

唐玄宗的开元之治使唐朝进入了鼎盛期，但扛起这一重担的姚崇（650—721）和宋璟（663—737）等年富力强的官员都是武则天任用的。说唐太宗和武则天二人奠定了唐朝的基础也绝不为过。在此之上，唐朝绽放了绚烂华丽的花朵。此外，在中国历史上，每当政局混乱，总会发生农民起义，但是在武则天统治的约半个世纪的时间里，并没有发生农民起义的记载。

唐玄宗

"武韦之祸"的说法出自后世的儒家之手，朱子学的影响尤为显著。这与宣称孝谦-称德天皇与道镜之间存在男女关系问题从而败坏其名声的做法如出一辙。顺带一提，在现在的学术界，孝谦-称德天皇与道镜没有男女关系的观点更有影响力。

和隋文帝一样，武则天也非常重视佛教，在全国各地修建了大云（经）寺。这也是日本国分寺的渊源。在史无前例的女性登基称帝这件事情上，哪怕是武则天这样的杰出人物，也有一些踌躇。她从《大云经》中得到启发，称自己是弥勒菩萨的转世，从这一点就可以看出她想要战胜性别的姿态。日本唯一的女皇太子阿部内亲王（孝谦-称德天皇）也有同样的烦恼，她崇拜武则天，以武则天为榜样。不仅是她，持统天皇以来奈良时代的优秀女帝们都把统治唐朝这个世界帝国长达半个世纪的武则天视为楷模。

据说武则天曾支持开凿洛阳郊外龙门石窟奉先寺的卢舍那大佛（华严宗教主，超越时空的绝对佛，是镇护国家的象征）。长期以来，人们一直认为大佛那安详的表情，是照着深受民众爱戴的武后的形象刻画的（尽管事实似乎并非如此）。大约八十年后（公元752年），印度僧人菩提仙那在日本奈良东大寺为卢舍那大佛像行开眼仪式，而主导者正是孝谦天皇。

日本的诞生

在这里，让我们总结并重温一下日本的历史吧。

日本列岛位于欧亚大陆东端，气候温暖且富于变化，有举世罕见的四季变迁之美，水资源丰富，是一个非常宜居的岛国。距今一万八千至一万六千多年前，使用高级陶器（绳纹陶器）的人们就生活在这片梦幻的东方加利福尼亚。世界各地各种各样的人经由朝鲜半岛（三万八千年前）、琉球群岛（三万五千年前）、桦太岛（两万五千年前）等地来到了这里。日本可以说是一个由移民开拓的国家。事实上也的确如此，基因分析结果表明，日本是一个多民族国家。最大的群体也不过占总人口的三分之一多一点。

渤海、黄海、东海、南海的风会随季节转换方向，使自古以来的双向沿海贸易成为可能。与此相对，日本海的风往往是来自大陆的单向风，所以不适合贸易。从大陆带来水田稻作技术的人被称为弥生人，他们的文化被称为弥生文化。

水田稻作曾被认为是公元前5世纪左右传入日本的，但根据现在发现的各种遗迹，也出现了认为传入的时间可能可以追溯到公元前10世纪左右的观点。弥生人似乎占少数。大体上，绳文人和弥生人是共存并逐渐融合的。

无论在哪个时代，掌握大陆先进技术（青铜器、铁器、汉字、佛教等）的人，无疑都是受欢迎的。后来，在中国的记录中，这个岛国开始被称为"倭"。日本曾与出产铁矿的朝鲜半岛南部地区（后来的伽倻诸国）关系密切。通过从朝鲜半岛进口铁矿，北九州各地逐渐实现了文明化。

用来换取铁矿的，恐怕是生口（奴婢、佣兵）吧。因为当时的倭国既没有谁都想要的世界商品（茶、丝织品等），又没有贵金属（金、银）。据《后汉书》（成书于公元432年以后）中《东夷列传》的"倭"条记载，公元57年，倭国朝贡，东汉光武帝授予印章（金印，已在日本福冈市志贺岛出土），公元107年，

金印

倭国国王帅升派遣使者献上生口一百六十名。

此外,《三国志·魏书·乌丸鲜卑东夷传》中的"倭人"条(《三国志》成书于3世纪末,此条即日本通常所说的"魏志倭人传")记载,公元238年,卑弥呼派遣大夫难升米为使者,向魏王朝贡,献上男生口四名、女生口六名及班布(麻布的一种)二匹二丈。从这些记载中也可以看出,生口曾是倭国的主力商品。

看起来,倭国和大陆的民众是可以自由往来的。或者,就像古希腊是由希腊半岛与隔海相望的小亚细亚伊奥尼亚地区组成的一样,昔日的倭国可能是由九州和朝鲜半岛南部地区组成的一个整体。有观点认为,天皇家的三神器起源于斯基泰,天孙降临神话在北方游牧民族中较为常见。倭国的统

日本人、韩国人、中国人的基因分布

Y染色体单倍体频率(%)

单倍体	日本人	韩国人	中国人
C	8.5	12.6	6.0
D	(34.7)	1.6	0.6
K	0	0	1.5
N	1.6	4.5	1.1
O1a	0	1.8	9.6
O1b	31.7	32.4	16.3
O2	20.1	(44.3)	(55.4)
Q	0.4	1.4	0.6

治阶层，可能是从北方经由朝鲜半岛来到日本列岛的。

日语曾被认为属于乌拉尔语系（有芬兰语、匈牙利语等）或阿尔泰语系（有突厥语族、蒙古语族等），但现在有观点认为其与南岛语系的关系颇深，但语言系统尚不明确。绳纹人的 DNA 分析结果表明，他们与东南亚的"和平文化"先民的相似度很高（《日本经济新闻》2018 年 9 月 2 日）。

据《汉书·地理志》（成书于 1 世纪末）记载，倭国曾有一百多个割据小国向乐浪郡纳贡。最初，只有北九州与大陆有贸易，后来贸易范围逐渐通过濑户内海扩展到大阪湾和大和川流域，吉备政权和大和政权等很可能就是在这一过程中诞生的。

过去有一种说法，倭国分为所谓的"铜剑铜矛文化圈"和"铜铎文化圈"，但是随着研究的深入，人们发现这两者是混合交融在一起的，因此这种说法现在已经不再受到关注。如前文所述，和朝鲜半岛一样，乐浪郡的衰落也成为了倭国王权崛起的重要契机，前方后圆坟的建造就是一个表现。

【前方后圆坟】

"前方后圆坟"这个名称是江户时代后期的儒者蒲生君平（1768—1813）提出的。不过，关于古坟前半部分的形状是否可以称为"方"，是存在争议的。在中国，人们认为，天上和地下都有神明，天是圆的，地是方的（正方形）。现存的北京天坛是圆形的，地坛是方形的。在中国，自商朝以来的帝王陵墓都是方方的，东汉时期出现了圆坟。箸墓古坟被认为是最古老的前方后圆坟，这种墓葬形式作为最新的流行，很快就在全国蔓延开来。在受倭国影响的朝鲜半岛南部也有前方后圆坟。

对前方后圆坟的分析结果显示，王陵墓群始于以箸墓古坟为代表的大和盆地东南部，而后逐渐沿着北部的佐纪古坟群、河内的古市古坟群、和泉的百舌鸟古坟群的走向分布。这一现象成为主张大王之位存在交替的"王朝交替说"（崇神天皇一脉的三轮王朝和应神天皇一脉的河内王朝论是比较典型的例子。顺带一提，由于两个王朝的大王名字里多带有"イリ"和"ワケ"，所以这两个王朝也分别被称为"イリ王朝"和"ワケ王朝"）和"联合政权论"等的依据。此外，前文也提到过，也有人将其与倭五王联系起来进行讨论。

箸墓古坟

通过分析古坟群，可以确定的是，在大和盆地建造王陵的时代，日本似乎存在多个帝王世系，但是在古市和百舌鸟古坟群建成以后，大王之位被限定在了这两个古坟群集团之中，首领之位的继承从之前的"双系"（对出身的追溯不偏向父系也不偏向母系，卑弥呼和她的继任者台与都是女性）转变为了由父系继承。有人认为，之所以会有这样的转变，是因为大和政权越来越深地介入到朝鲜半岛的战事之中，军事上的紧张感日益增长，从而推动了首领阶层的父系化。

【如何分析古代日本史？】

　　在过去，以《日本书纪》(以及《古事记》)为基础，并参考中国的史料和考古发现，是研究古代日本史的主要方法。但是，《日本书纪》成书于8世纪初，而且现在可以明确的是，主导编撰的持统天皇和藤原不比等（659—720）等人进行了大量润色。以此为基础来探讨几百年前的事情，怎么想都有点牵强。因此，近年来，综合接近原始资料的同时代中国史料和考古发现来研究日本古代史的方法成了主流。现在的观点认为，在倭国，大和政权建立以后（作为王陵的箸墓古坟修筑以后），北九州仍然存在政权，直到平定了磐井之乱（527—528）之后，大和政权的一元统治才勉强成立。如果是这样的话，关于卑弥呼的邪马台国在哪里（如果能发掘箸墓古坟并找到物证，也许就可以弄清楚了）以及倭五王分别对应《日本书纪》中的谁（同样，这恐怕也要在发掘百舌鸟古坟群并找到物证后才能明确）的争论，在现阶段被认为没有太大的意义。至于陵墓的发掘，现在宫内厅终于开始接受外部机构，对陵墓的一部分进行共同发掘。

　　随着时间的推移，到了6世纪后半叶，建立隋唐王朝的巨大能量，通过源源不断地从大陆远道而来的人们传递给了倭国，让倭国意识到了新时代正在到来。在继体王朝成立的混乱中，倭国与大陆的关系中断了很长时间。但公元600年，时隔150年，倭国再次派出了使者前往隋朝，一睹大陆的面貌。

　　此后，倭国派遣了五批以上的遣隋使，公元630年以后，又派遣了遣唐使（共派遣了十七次，直到公元894年终止），努力搜集大陆的信息。不仅如此，倭国与新罗、渤海国的交流甚至比与唐朝的交流更为频繁。公元663年，白江口之战的溃败，意味着倭国一直以来奉行的"佣兵国家"战略的崩溃，给倭国带来了前所未有的危机感。

　　唐朝方面，郭务悰奉镇守百济的将领刘仁愿之命，来到倭国处理倭国战败后的事宜。也有人觉得，这很像麦克阿瑟的占领军。惊恐万分的倭国首先建造了筑紫的水城，又在有可能成为唐军前进路线的濑户内海两侧的中国地方①和四国地方建造了山城。幸运的是，由于新罗和唐朝开战，倭国最终得到了近三十年的休整时间。

在这段时间里，倭国巩固了国内体制。也就是说，在唐和新罗战争期间，倭国学习隋唐，试图实现向真正的律令国家（法治国家）的蜕变，大约是有着实现明治维新那样的近代化的志向吧。这就是天智天皇、天武—持统天皇统治的时代。

有些小说甚至把天智写成百济王族，天武写成新罗的驻日大使，可见当时日本与大陆、朝鲜半岛的关系有多紧密。光是从百济逃亡而来的人，数量就相当多了。天智天皇将首都从难波迁到了大津。有观点认为这是天皇试图通过日本海的若狭路线，更快地收到来自大陆的消息，另一些人则认为这是将大和盆地让给占领军郭务悰的表现。

公元672年，天武天皇在壬申之乱中战胜了天智天皇之子大友皇子，将都城迁回了飞鸟，与皇后持统一起致力于建设一个新国家。前文中提到过，公元674年，唐朝在武则天的领导下，将"皇帝"改称为"天皇"，"皇后"改称为"天后"，倭国可能也效仿了这一做法，将此前的"大王"称号改成了"天皇"，并且将国号定为"日本"。

---

① "中国地方"是日本的一个区域概念，指濑户内海以北、本州岛西部的鸟取县、岛根县、冈山县、广岛县、山口县，与作为国家的"中国"无关。

公元686年，天武天皇去世后，皇后持统是实质上的继任者。从公元686年开始一直到公元703年，持统天皇以皇太后（称制）、天皇、太上天皇的身份，统治日本近二十年。英明的持统继承了天智和苏我氏的血统，以藤原不比等为亲信，着手对天智和天武开创的新国家——日本的宏伟蓝图进行了最终的设计。不比等拥有作为一名伟大设计者的优秀资质。

　　"日本"这一国号、"天皇"这一称号、《大宝律令》及《养老律令》、正式的年号的使用、"日本书"（和中国的正史一样，本应包括帝王的传记"纪"、臣子的传记"传"、地理地域等的历史"志"、年表"表"，但只完成了"纪"，《风土记》就是为了编"志"而准备的文献）、货币（和同开珎等）的发行（但国力不足以使之广泛流通），藤原京和平城京等都城都是二人努力的结晶。说这两个人创造了日本也绝不为过。公元702年，二人在做好了充足的准备后，时隔三十年再次派出的遣唐使获得了成功，得到了武则天十到二十年朝贡一次即可的承诺。日本摆脱了册封，与中国建立了新的国际关系。

　　二人的这些尝试可以说是一套宏大的"鹿鸣馆政策"[①]。做这些的目的当然都是为了展示给唐朝看。不过，因过于宏大，这套"鹿鸣馆政策"最终未能完成。

[①] 鹿鸣馆是日本近代进行外交活动的西式建筑，馆中的外交活动展示了日本欧化的决心，意在取消与欧洲国家的不平等条约，但以失败告终。作者以此类比持统天皇和藤原不比等的做法。

持统天皇（日本迹见学园女子大学图书馆藏）

当时的日本和唐朝相比，人口约为十分之一，人均国内生产总值约为二分之一，也就是说国力连唐朝的二十分之一都不到。尽管如此，平城京的规模却达到了长安城的四分之一。资金链不断是不可能的。顺带一提，"平城"是隋唐帝国之前的鲜卑拓跋政权北魏的首都名。

极度关注拓跋王朝和唐朝的日本，将皇族和官僚的服装也换成了修身的胡服（骑马服），并开始使用桌椅。随着唐朝的衰落，日本从唐朝的束缚中解放出来，为适应湿润的气候风土，开始穿着宽松的衣物，从使用桌椅的生活回归到了席地而坐的传统生活。有人称之为日本的"国风文化"。

天照大神是日本建国意识形态的化身，据说，其原型就是持统天皇，可能是因为她让位给孙子文武天皇的事迹吧。

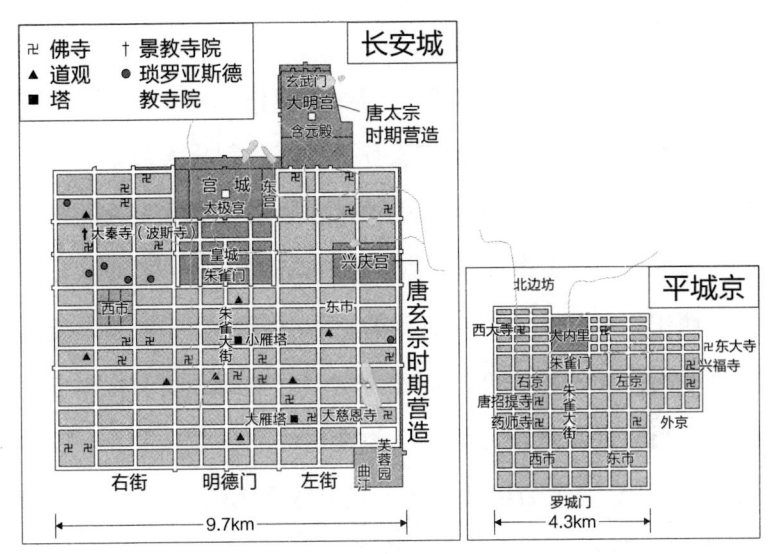

平城京与长安城的对比

下凡来到"苇原中国"①的是天照大神的孙子琼琼杵尊。此外,元明天皇与圣武天皇也是祖母与孙子的关系。天照大神身上投射着这两代女中豪杰(女帝)的意志。据说,到元正天皇为止的天皇与皇后的汉风谥号都是淡海三船②撰选的,而他将"继体持统"这一成语分给了两位天皇,这一点也足以体现持统天皇的伟大。

持统天皇、元明天皇、元正天皇、光明子、孝谦-称德天皇,在这些杰出的日本女帝的脑海中,大概都烙印着生活在同一时代的女杰武则天的英姿吧。武则天成了她们的优

---

① 日本神话中的人间。
② 淡海三船(722—785),天智天皇长子大友皇子(弘文天皇)的曾孙,与石上宅嗣并称当时的文人之首。

秀榜样。虽然应该是巧合，但武则天和持统死后都与丈夫合葬，这一点令人印象深刻。

奈良时代的平城京（710—794）模仿长安建造，作为一个国际都市，十分繁荣，甚至有平城京的归化人数量占到了人口的六至七成的说法。就这样，在朴素、气候宜人的东方加利福尼亚，一个多民族国家——日本诞生了。

西田正秋指出，奈良时代的美术（特别是雕像）之所以能表现出高超的完成度，是因为作为范本的唐朝文化出色地融合了当时世界上所有最先进的文化。在日本，很长一段时间，"唐"都被作为中国等外国的代名词使用。幕末时期的"唐人阿吉"[①]就是一个浅近的例子。

开元之治和圣像破坏运动

公元713年，唐玄宗治下的开元盛世（至公元741年）开始了。唐太宗到武则天的时代在文学史上被称为初唐（618—712），唐玄宗的时代则被称为盛唐（712—765），当时的长安即将迎来鼎盛期。来自世界各地的人、物、钱、信息都汇聚到了长安。唐太宗在位时，唐朝就开始积极接纳留学生，到了唐玄宗时期更是在优秀人才的任用上不拘民族和宗教。

日本人中，与遣唐使一起东渡大唐的阿倍仲麻吕（698—

[①] 近代日本被迫开放门户后，艺伎阿吉被幕府送给美国驻日领事哈里斯做小妾，她因此受到日本民众的排挤，被叫作"唐人阿吉"。

770），以及2004年在西安被发现墓志的井真成（699—734）也受到了重用。后者的墓志是在中国发现的最早的日本人墓志，也是"日本"这一国号的最早记录。

井真成墓志

若是在现在，这大约就相当于赴美留学生被任命为特朗普政府的高官吧。无论是唐朝的开放，还是当时日本人的优秀，都令人刮目相看。当时的日本留学生，在下一次遣唐使团（大约间隔十至二十年）到来之前，原则上是不能回国的，倒是的确可以在中国任职。在战国和三国时期，得到任用的外国人也受到了极大的优待。这也许是中国的一种传统吧。盛唐时期，中国的人口恢复到了六千万人左右，与汉朝和隋朝的鼎盛期持平。继"文景之治"和"贞观之治"之后，第三个盛世到来了。

地方上，扬州和益州（成都）成了工商业的中心。此外，季节性的定例活动［元旦、立春、春分、上巳节（三月初三）、端午节、七夕节、盂兰盆节、秋分、重阳节（九月初九）、冬至等］在这个时期也基本都出现了。其中的大多数至今仍然留存在日本。

同样是公元713年,伊斯兰军队消灭了西班牙的西哥特王国,地中海几乎变成了伊斯兰的海。地中海是古代文明交流的大动脉,失去地中海的欧洲,逐渐变成了封闭、贫穷的封建社会。从这个意义上说,8世纪初在历史上是一个重要的分水岭。在地中海世界,一神教革命取得了成功,昔日在这片土地上遍地开花的多神教的时代就此落下了帷幕。

穆斯林将西班牙称为安达卢斯(意为汪达尔人的土地)。安达卢西亚[①]的名称就来源于此。基督教徒逃到了西班牙北部的山中,在那里,西班牙贵族佩拉约(718—737年在位)于公元718年建立了阿斯图里亚斯王国(718—914,之后国名变更为莱昂王国),并于公元722年在科法敦加战役中第一次击败了伊斯兰军队。

直到现在,西班牙王储的头衔仍是"阿斯图里亚斯王子"。

在中亚,伊斯兰军队已经逼近塔什干和费尔干纳一带。

公元717年,珊查耶(717—746年在位)在马打兰(今印度尼西亚的日惹地区)即位,建立了信奉印度教的古马打兰王国(717—929)。该王朝因在10世纪初的第十一代君主巴里栋(898—910年在位)统治时期建成的普兰巴南寺院群(世界遗产)而闻名。

同样是公元717年,在罗马帝国,利奥三世(717—741

---

① 如今西班牙的十七个自治区之一。

年在位）登上了帝位。尽管利奥三世用"希腊火"击退了伊斯兰军队对君士坦丁堡的第二次围攻，但在目睹了伊斯兰教的繁荣后，他将其背后的原因归结为禁止偶像崇拜（内在的信仰的力量）。

他想：明明是同一位神，为什么会对伊斯兰军队如此眷顾呢？一定是因为罗马帝国盛行偶像崇拜，惹怒了神。当然，他应该也对教会囤积的财宝很感兴趣吧。这与发生在中国的镇压佛教事件（法难）有相似之处。

公元730年，利奥三世以摩西十诫为依据，颁布了禁止圣像崇拜的诏令（圣像破坏运动），但此举遭到了罗马教会的强烈反对，因为他们需要用圣像在未开化的西欧传教。与识字率较高的东方的罗马帝国不同，在大多数人都是文盲的日耳曼社会，圣像是有力的传教手段。

人们通过眼睛（画像）而不是耳朵来学习耶稣受难、圣母的悲伤、十字架的意义等。也是从这里开始，因基督教封锁异教神殿、"焚书坑儒"而一度销声匿迹的美术得以重获新生。东方教会继承了希腊的传统，重视基于原理、逻辑的神秘性；西方教会则注重实用性、灵活便宜、明了易懂：东西教会的分裂只是时间问题。

此外，利奥三世还对军区进行了细分，意图强化中央集权。通过圣像破坏运动，国家对教会的掌控也得到了强化，尽管付出了让珍贵的圣像化为齑粉的高昂代价，但罗马帝国终于找到了复兴之道。

查理·马特

公元732年，墨洛温王室的宫相（Major Domus）查理·马特（686—741）在普瓦提埃之战中击败了伊斯兰军队。当时，倭马亚王朝已经进入衰退期，指挥系统陷入了混乱。入侵法国的伊斯兰军队是不可能有明确的战略的。

伊斯兰方面恐怕只把这次事件当作一支行军略远的地方军队在一次小规模战斗中的失利而已。但是，后来篡位取代墨洛温王朝的加洛林王朝为了表彰其始祖查理·马特，对这场战争进行了夸大和捏造。

唐朝方面，在繁荣的背后，作为国家支柱的均田制和府兵制正在逐渐崩溃。不过，北魏以来的均田制和府兵制究竟在全国范围内推广到了什么程度，这一点本身就不太明确。唐玄宗命宇文融（？—729）主持括户（恢复被逃亡的农民，即逃户，以及豪族地主非法占有的均田地的政策），虽取得了一定的成果，但并没能扭转全局。

于是，唐玄宗放弃了府兵制（征兵制，即兵农一体），改为佣兵制（募兵制，即兵农分离），并设置了十名节度使（军队司令官兼任民政官的制度，与罗马的军区制类似），负责边境的防卫。由于边境游牧民族独立的动向越来越明显，均田制、府兵制的崩溃和羁縻统治的崩溃几乎是同时发生的。节度使是名为"使职"的律令中没有设置的令外官。随节度使驻守边境的兵士被称为"长征健儿"。顺带一提，阿倍仲麻吕晚年曾在河内担任过安南都护。

公元738年，藏缅语族的罗倮族首领皮逻阁（738—748年在位）在云南建立了南诏。唐玄宗封他为云南王。公元744年，突厥（第二帝国）被回鹘（即回纥[①]，突厥系）的怀仁可汗（骨力裴罗，744—747年在位）所灭。回鹘与此前的游牧民族有所不同，他们建设了都城（白八里和窝鲁朵八里），过定居生活，重视农业和贸易，信仰拥有经典的外来宗教佛教和摩尼教，还使用7世纪末出现的突厥文（后来创造了回鹘文）等。顺带一提，突厥文和回鹘文都源于阿拉米字母（阿拉米-粟特文字体系）。

公元747年，杨玉环（杨太真）成为贵妃，唐玄宗走上了与汉武帝相同的道路。登基三十四年后，开始感到衰老的唐玄宗大概已经厌倦政治了吧。杨贵妃和唐玄宗欣赏着梨园（御用宫廷歌舞团）的表演，沉浸在欢乐之中。后来，白居易在《长恨歌》中描写了两人的爱情。

杨贵妃

[①] 回鹘原名回纥，在公元788年上书唐朝后改名为回鹘。本书统一称其为回鹘。

阿拔斯革命和安史之乱

公元750年，以从伊朗和伊拉克起势的革命军为基础的阿拔斯王朝消灭了倭马亚王朝。从7世纪后半叶开始，什叶派中就出现了期盼救世主（马赫迪）的势头，到了8世纪，伊玛目之位被传给了先知同族、阿拔斯家族的穆罕默德（？—743）的传言广为流传。这是穆罕默德派遣达伊（秘密宣教员）到各地进行煽动的结果。

由此，阿拔斯家族成功拉拢了什叶派，同时也获得了不满现状的马瓦里的支持。为了应对北方的游牧民族，倭马亚王朝在伊朗东部的呼罗珊地区布置了精锐部队。公元747年，艾布·穆斯林（？—755）在呼罗珊地区发动起义，并于公元748年占领了该地区的中心城市木鹿城，驱逐了倭马亚王朝的呼罗珊总督。

公元749年，革命军进入库法，推举阿拔斯家族的穆罕默德之子萨法赫（749—754年在位）为哈里发。翌年（公元750年），阿拔斯军在扎卜河战役中击败了倭马亚王朝的马尔万二世（744—750年在位）所率领的政府军，马尔万二世逃亡到埃及后被杀害。

就这样，阿拔斯革命取得了成功。萨法赫为了彻底消灭倭马亚家族，下令进行严格搜查。建国功臣艾布·穆斯林被任命为呼罗珊总督。从成立的经过来看，阿拔斯王朝是一个无论是军队（呼罗珊军队为主体）还是官僚（由佛教徒改宗的巴尔马克家族颇为有名）都很依赖波斯人的政权。

哈里发本是先知穆罕默德的代理人，但从阿拔斯革命时期开始被视为神的代理人。这可能是受到了波斯自古以来的君权神授说的影响。阿拔斯王朝初期的哈里发，还保留着仿效先知在星期五正午的集体礼拜时，在敏白尔（宣讲台）进行演讲（呼图白）的习惯。

然而，当哈里发坐镇深宫后，呼图白开始由其代理人宣读，并确立了在最后说一句"本呼图白以某某哈里发的名义宣读"的形式，就这样，形成了经拜伊阿（"宣誓效忠"，源自阿拉伯商业习俗）承认的权力，每周都通过呼图白得到确认的仪式。从此以后，从呼图白中剔除哈里发之名就成了一种反叛的方式，无论是巴格达的叛乱，还是地方政权的自立等都采取了这种方式。

聚集在清真寺的民众的意志，决定了阿拔斯王朝（伊斯兰国家）的领土。在某种意义上，这不可谓不是一种令人生畏的彻底的民主主义。

阿拔斯革命后，伊斯兰帝国的首都从自古以来开放、秉持折衷主义的大城市大马士革迁到了新建成的巴格达。此外，阿拔斯王朝废除了对阿拉伯人的优待政策，在税收方面对所有穆斯林都一视同仁，因而对改宗起到了激励作用。据说，阿拔斯王朝建立时（公元750年），伊朗的穆斯林人口只占8%，但到了9世纪已经达到40%，10世纪达到了70%～80%。

但是，在埃及，即使到了10世纪，基督教徒仍然占多数。当时的伊斯兰社会有这样一种说法：改宗并经过三代人之后的穆斯林，不仅在税金方面，在所有方面都是平等的。与美国的黑人问题相比，这种想法可以说是相当先进的。

公元751年，在中亚的怛罗斯河畔，高句丽出身的将军高仙芝（？—756）率领的唐军败给了伊斯兰军。这场战役不仅意味着唐朝与伊斯兰政权在中亚的主导地位的交替，还对世界历史产生了重要影响。这是因为据说被俘虏的唐军中有造纸工匠，造纸技术由此传入了伊斯兰国家。不过，现在的主流观点认为，造纸技术实际上是在这一事件前后，在与唐朝接触的过程中传入的。同样，与纸张同属于中国古代四大发明（还有活字印刷术）的火药和指南针也经由伊斯兰世界流向了西方，只不过在时间上略晚一些。

稍微扯远一些，据说面条可能也是在这个时期传到西方的，这就是意大利面的起源。不过，在意大利，意面是意大利人从零开始开发的海上食品的说法比较有影响力。同样是在公元751年，加洛林家族的丕平三世（宫相查理·马特之子）推翻墨洛温王朝，自己登上了王位。也是在这一年，罗马帝国在意大利的据点拉韦纳总督府被伦巴第王国攻占。

此时，在印度的德干高原，弹底杜罗伽（753—756年在位）推翻了其君主——遮娄其王朝，开创了罗湿陀罗拘陀王朝（753—973）。这个王朝因开凿了埃洛拉石窟群的凯拉萨神庙（世界遗产）而闻名。罗湿陀罗拘陀王朝与本家被灭的东遮娄其王朝此后展开了长达两个世纪的争斗。

公元 755 年，来自粟特的节度使安禄山（705—757，名字意为生于布哈拉的光）发动叛乱，唐朝陷入了大动荡之中。安禄山利用自己庞大的身躯讨好唐玄宗和杨贵妃（据说他是胡旋舞高手），成了杨贵妃的养子。身兼北方三重镇范阳、平卢、河东节度使的安禄山，以讨伐奸臣杨国忠（杨贵妃同族）为名，发动了叛乱。

或许是巧合吧，几乎在同一时期建立的西方和东方的两大帝国（倭马亚王朝和唐朝），几乎在同一时间遭遇了大规模叛乱（阿拔斯革命和安史之乱）。考虑到叛乱主体（呼罗珊军和粟特军阀）的邻近性，很难说这两者之间没有联动。

杜甫

李白

顺带一提，盛唐还因诞生了诗圣杜甫（712—770）和诗仙李白（701—762）两位大诗人而闻名。此外，还有诗画兼备的诗佛王维（699—761），以及孟浩然（689—740）等人物。在唐代，诗是科举的正式考试科目，这为唐诗的兴盛打下了基础。杜甫、李白、王维都是官员。科举上榜的阿倍仲麻吕与李白、王维的关系都很好。

画圣吴道子为水墨山水画带来了变革,是一位对后世(包括日本在内)产生了巨大影响的画家,深得唐玄宗的喜爱。

在印度兴起的密宗也是在唐玄宗统治时期传入中国的。曾在印度那烂陀寺学习的善无畏(637—735)经陆路入唐,翻译了《大日经》,而印度的不空三藏(705—774)则经海路入唐,翻译了《金刚顶经》,将五台山的文殊信仰与密宗相结合,得到了唐王室的敬奉,君临佛教界。不空与鸠摩罗什、真谛、玄奘并称为四大译经家。

此外,这一时代的人们还创造出了许多色彩鲜艳的美丽陶器,被称为"唐三彩"(一般作为明器,也就是随葬品)。

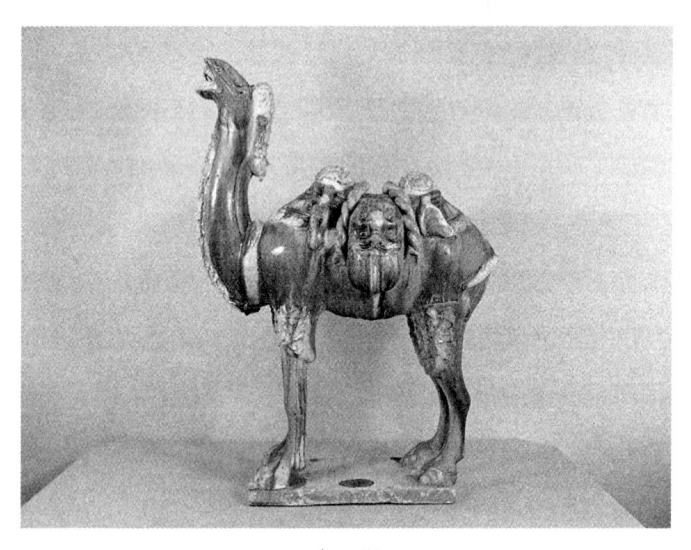

唐三彩

罗马教皇的独立

公元754年，罗马教皇斯德望三世（752—757年在位）面对伦巴第人的威胁，向法兰克王国的丕平三世（751—768年在位）请求援助——推进圣像破坏运动的罗马皇帝君士坦丁五世（741—775年在位）显然不是合适的求援对象，何况罗马帝国于公元751年战败，拉韦纳总督辖区已落入伦巴第人之手。

公元756年，丕平三世率大军进入意大利，击败伦巴第人，将意大利中部地区捐赠给了斯德望三世。这片区域就成了罗马教皇的领地。由此，教皇拥有了世俗君主的身份。当时跟随丕平三世进入意大利的法兰克贵族，成了意大利名门望族的祖先。"君士坦丁的赠礼"这一著名的伪造文件，被认为出自斯德望三世或他的亲信之手。

【君士坦丁的赠礼】

相传为罗马皇帝君士坦丁一世发布的一份文件，内容是赋予罗马主教与自己（君士坦丁一世）同等的权力，将整个西方托付给他，自己则隐居于君士坦丁堡。直到15世纪，在意大利文艺复兴时期的人文学者洛伦佐·瓦拉（1407—1457）考证发现这份文件为赝品之前，人们都以为它是真品。

洛伦佐·瓦拉同时也是一个认识到人体（裸体）的绝妙和美好的人，约半个世纪后，文艺复兴时期的裸体画达到了顶峰。现在，"君士坦丁的赠礼"被认为是教廷为了从罗马帝国独立出来而制造的政治性伪造品。

除此以外，教廷还在9世纪中叶伪造了《伊西多尔教令集》（内容包括罗马主教拥有所有主教的支配权，世俗君主不得干预教会事务，必须服从宗教权威等）。顺带一提，伊西多尔（约560—636）是塞维利亚的大主教，是参与了西哥特国王雷卡雷德一世改宗的人物。

公元756年，倭马亚王室的一员阿卜杜·拉赫曼（756—788年在位）躲开了阿拔斯王朝的穷追猛打，因母亲是柏柏尔人的缘故，便一路向西逃亡，征服西班牙，并在科尔多瓦建立了王国，自称"埃米尔"（军队司令官）。这个政权一直延续到公元1031年，被称为科尔瓦多哈里发国或后倭马亚王朝。他把大马士革的开放性移植到了安达卢斯。

公元768年，丕平三世去世后，法兰克王国被查理一世（查理曼，768—814年在位）和他的弟弟卡洛曼一世分割继承。不过，卡洛曼一世于公元771年去世后，查理曼再次统一了法兰克王国。

公元772年，查理曼试图征服德意志的萨克森人，但遭到了对方的顽强抵抗，历经十余次远征，直到公元804年才让萨克森臣服。这场萨克森战争耗费了三十二年。公元774年，查理曼灭亡了伦巴第王国，夺取了象征王位的"铁王冠"。这顶王冠现在被保存在蒙扎大教堂。

公元778年，查理曼入侵西班牙（萨拉戈萨），返程途中，在比利牛斯山遭到巴斯克人的袭击。人们根据这一事件创作了《罗兰之歌》。值得一提的是，在《罗兰之歌》中，敌人被改成了伊斯兰教徒，而不是巴斯克人。

接着，查理曼开始转战东方，于公元788年征服巴伐利亚，公元796年，历经三次远征，打败了阿瓦尔王国。继承了柔然血统的阿瓦尔王国由此走向衰亡。查理曼统治时期，战争接连不断，不过与此同时，查理曼从英格兰将神学家阿尔琴（735—804）请到了亚琛的宫廷，力图振兴古典研究和教育等。这被称为"加洛林文艺复兴"。

在查理曼统治时期，书写体发生了改革（一种标准化），出现了加洛林小写体。文艺复兴就像浪潮一样，一次又一次造访欧洲。其中最大的浪潮，恐怕要数15世纪佛罗伦萨的文艺复兴了。此外，对周日休息的尊重，也是在加洛林王朝合法化的，这赋予了经济活动一定的节奏。

无论是在西方还是在东方，规范历法也是规范平民生活的手段。在当时，历法是教会的头等学问。大约在7世纪，修道士们建造了能发出声音的日历（钟、钟楼）。顺带一提，钟是公元前10世纪左右在中国被发明出来的。

公元787年，第七次公会议在尼西亚召开（第六次公会议于公元680至681年在君士坦丁堡召开），结束了圣像破坏运动。这次会议是君士坦丁六世（780—797年在位）的生母、来自雅典的伊琳娜在摄政期间为了收拾圣像破坏运动所造成的混乱而组织召开的。

主持公会议的往往是被视为耶稣代理人的东方罗马皇帝。罗马教皇作为彼得的代理人，是从属于罗马皇帝的。曾有教皇，如马丁一世，从罗马被押解到君士坦丁堡，之后又被流放（公元653年）。

公元797年，伊琳娜（797—802年在位）废黜了自己的儿子，成为罗马历史上第一位女皇。在与保加利亚的战争和圣像破坏运动所造成的动荡中，罗马帝国的国力日渐衰弱。

描绘伊琳娜的黄金祭坛画
(威尼斯)

教皇利奥三世（795—816年在位）抓住了这个机会，以正统的罗马皇帝到君士坦丁六世就已经终结为由，于公元800年罗马的圣诞弥撒中，突然为查理曼加冕。

罗马皇帝由元老院、罗马公民或罗马军队选举产生，没有教皇加冕的道理。然而，由于加洛林王朝自篡位以来一直在寻求自己的王权的正统性，而教皇为了摆脱罗马皇帝统治下的政教合一制度（皇帝对作为国教的基督教有绝对控制权），则需要另一个帝国、另一个皇帝。由此，加洛林家族和罗马教会的利益达成了一致。

罗马教皇至此终于独立，不再从属于东方的罗马帝国和罗马皇帝。当然，罗马帝国没有承认查理曼的皇帝之位。然而，假如取代罗马帝国的新帝国以基督教为国教，且变得和罗马帝国一样强大，那么这个新帝国的皇帝肯定也会主张自己拥有至高无上的权力，并使教皇成为自己的从属吧。

因此，罗马教皇所需要的帝国，必须拥有足够的军事力量，能够维持罗马教会威令所及的西欧秩序，同时又必须有一个对教皇的加冕感恩戴德的弱势皇帝。为了方便，本书此后将东方的罗马帝国称为东罗马帝国。

公元793年，在欧洲北部，丹麦人首次袭击了英格兰的林德斯法修道院。自此以后的两百年间，维京人（诺曼人）持续活跃。他们大多是农民。为了获得在斯堪的纳维亚寒冷地区耕种所无法获得的物资，他们出海寻求贸易。根据贸易对象的反应，这些贸易常常会演变成海盗行为。

对于北方的贫困民族来说，要是没有武力作为后盾，贸易原本也不会顺利的。维京人由挪威人、丹麦人、瑞典人三个部族组成。公元814年，一度统治过高卢（法国和德国）和意大利北部（意大利南部是东罗马帝国的领土，但公元827年后西西里和意大利南部的一部分成了伊斯兰的领土）的查理曼去世。

查理曼的帝国没有固定的首都，也不是中央集权性质的国家。查理曼在各地设置了直属伯爵（Graf）负责军政两方面的事宜。虽然他禁止爵位世袭，意图防止他们在当地扎根，但国土辽阔，他的威令无法传遍整个帝国，于是他只能游走于各个领地之间，巩固与伯爵的个人关系。查理曼的领袖魅力是维持帝国统一的支柱。

后来，他唯一在世的嫡子路易一世（虔诚者路易，814—840年在位）继承了王位，但他没有父亲那样的领袖魅力，也没有保卫罗马的实力。公元830年，伊斯兰军队逼近罗马，但法兰克王国并没有派兵救援，导致罗马的外港奇维塔韦基亚于公元838年被伊斯兰军队占领。路易一世死后，根据公元843年签订的《凡尔登条约》，法兰克王国被分割为西、中、东三部分。这就是今天的法国、意大利和德国的起源。公元846年，伊斯兰军队再次逼近罗马，罗马城勉强守住了。

再后来，根据公元870年签订的《墨尔森条约》，中部的洛林（洛泰尔的领土）被西法兰克王国和东法兰克王国再次瓜分。从此以后，东西再也没有统一过。

东罗马帝国方面，利奥五世（813—820年在位）于公元815年再次开始了圣像破坏运动，但收效甚微，仅维持了不到三十年，于公元843年结束。基督教成为大帝国罗马的国教已经很久了，在那时候已经回不到没有典礼和图像的朴素宗教的时代了。

不过，尽管这是自上而下的革命，而且主要目的是强化皇帝对教会财产的权力，但为了对抗伊斯兰教的兴起而反省自身，试图回到耶稣时代的原点的精神，并没有在基督教世界中消失，而是化成了地下水脉继续流淌。七百年后，圣像破坏运动将以另一种形式在马丁·路德和约翰·加尔文发起的运动中重现。

巴格达的繁荣和信息革命

伊斯兰帝国通过借鉴阿契美尼德王朝以来的世界帝国统治之术，充分运用波斯官僚以及萨珊王朝积累的希腊罗马知识遗产，打造出了世界上最先进的庞大帝国。

当时的阿拉伯人淳朴但富有好奇心。据说穆罕默德曾留下这样的圣训："学问虽远在中国，亦当求之。"

贡德沙布尔学院相当于萨珊王朝的柏拉图学园和吕刻昂学园，不难想象，当阿拉伯人占领了这个学院并发现里面积累的大量希腊和罗马文献时，该有多欢欣雀跃。不久后，阿拉伯人就找到了绝佳的知识载体。那就是从中国传来的纸。就这样，伊斯兰世界掀起了一场信息革命。

阿拔斯王朝第二代哈里发曼苏尔（754—775年在位）是萨法赫的异母兄长。由于他是一个柏柏尔女奴所生的孩子，所以即位顺序靠后，但他是一位重构了伊斯兰帝国的杰出领导人。曼苏尔铲除了为推翻倭马亚王朝而共同战斗过的什叶派和建国的最大功臣艾布·穆斯林（呼罗珊总督），开始着手建立一个基于军队和官僚的中央集权性质的新国家，而被

曼苏尔（弗朗西斯科·德·祖巴兰绘）

称为"barīd"的驿站制度是其中的关键。

据说，曼苏尔每天都要浏览通过驿站送来的各地的报告。在确立了国政之后，曼苏尔于公元762年开始着手建设他选定的新首都巴格达。这座被命名为"平安之都"的圆形城市（波斯有建造圆城的先例，如萨珊王朝的都城泰西丰等）拥有四座城门，分别通往长安、印度、麦加和君士坦丁堡。曼苏尔从一开始就计划把巴格达打造成世界贸易的枢纽。

公元766年，巴格达建成，建设这座城市所产生的巨量有效需求，惠及了当时的全世界。著名的"皮雷纳命题"称"没有穆罕默德就没有查理曼"。这是比利时学者亨利·皮雷纳（1862—1935）提出的观点，他认为由于地中海世界处在伊斯兰帝国的巨大阴影之下，西欧的罗马教皇和法兰克王权才联起手来与伊斯兰势力对抗，这使得中世纪欧洲的封建制得以确立。

以美索不达米亚富足的农业生产和东西方贸易为支撑，巴格达在第五代哈里发哈伦·拉希德（786—809年在位）的时代迎来了鼎盛期。这也是《一千零一夜》的时代。公元803年，哈里发哈伦·拉希德除掉了权倾一时的宰相家族——巴尔马克家族（波斯人），尝试对帝国进行直接统治。据说当时巴格达的人口超过了一百万，仅次于长安。

从对抗东罗马帝国的角度出发，哈伦·拉希德与查理曼展开了外交。大象被作为礼物送到亚琛宫廷的记录就是证明。腰缠万贯的商人（tājir）将生意做到了中亚、印度、东南亚、东非等地，这些远距离贸易为他们带来了巨额财富。据说，建造巴格达所用的大量木材是从非洲内陆砍伐，并从东非海岸装船运来的。

在辽阔的伊斯兰帝国，通商道路如网般铺开，许多城市都呈现出繁荣景象。与欧洲那些拥有固定的市民和城墙的城市不同，伊斯兰的很多城市似乎都是因商队而发展起来的贸易城市。在那些有城墙的城市里，所有的公共费用原则上都由市民的税金来承担，而在伊斯兰的城市，公共设施和公共服务（学校、供水等）则是由名为"瓦克夫"的捐赠（信托）制度来提供的。受到某个城镇照拂的商人，以遗嘱等形式将自己的财产进行信托，为公共设施和服务的供给尽一份力的例子不在少数。

国势达到顶峰之后，文化也会迎来极盛期。第七代哈里发马蒙（813—833年在位）在巴格达设立了著名的智慧宫（Baytal-Hikmah），有组织地推动了希腊罗马文献的阿拉伯语翻译。自伊斯兰帝国建立以来持续不断的翻译工作，成了国家性的事业。

希腊罗马文献的阿拉伯语翻译与佛经的汉译并称为人类史上的两大翻译运动。造纸术从塔拉斯经撒马尔罕传入了巴格达。在9世纪的巴格达，求知欲与造纸术结合在一起，出现了信息革命。传说，亚里士多德著作的最佳译本，得到了与之同等重量的钻石作为报酬，可见当时的人们对翻译的热情。至于翻译官，似乎以基督教徒（聂斯脱里派）和犹太人为主。

在美索不达米亚，尼尼微图书馆以及巴比伦以来的知识传统已经深深扎下了根。毫无疑问，哈里发从萨珊王朝的君主那里继承了"世界帝国必得搜集万卷藏书"的理念。而这条延长线还将通往日后的卢浮宫美术馆和英国国家博物馆。就这样，巴格达成为了世界上最先进的知识之都。

希腊和罗马传统的逻辑思考方法完善了伊斯兰教法（沙里亚）和伊斯兰神学，印度、中国的先进数学（如零的运用等）及自然科学，与希腊罗马的自然科学相结合，使得哲学、数学、医学、天文学、化学等领域都取得了显著的发展。当时有一位大数学家，名为阿尔·花拉子密（一译阿尔·花刺子模，780—850），表示计数法及计算、解法步骤的"算法"（Algorithm）一词，就来源于他（由其意为"花拉子密说"的著作名 *Algoritmi dicti* 转化而来）。另外，历史学家塔巴里（839—923年）所著的《先知与帝王史》作为一部从世界诞生一直讲到公元915年的通史，是伊斯兰历史学的"金字塔"。

苏美尔人的时代过去四千年后，美索不达米亚又一次成为了世界的中心。阿拉伯谚语"极乐世界，在马背上，在书本中，在女人的臂弯里"很好地描述了当时巴格达的氛围。

马穆鲁克登场

然而，和倭马亚王朝一样，阿拔斯王朝治下的统一国家，也没能维持百年。到了第八代哈里发穆塔西姆（833—842年在位）统治时期，国势开始转衰，穆塔西姆建立了一支由经过训练的突厥奴隶所组成的近卫队，以巩固自己的守卫。这被认为是伊斯兰世界引入马穆鲁克的开端。由于马穆鲁克与巴格达市民间的冲突不断，穆塔西姆一度带着马穆鲁克将都城迁到了萨马拉（至892年）。

公元869年，以伊拉克南部为舞台的赞吉起义（黑人奴隶起义，869—883）爆发，阿拔斯王朝权威尽失。被称为"艾亚尔（Ayyār）"的市井无赖开始在首都巴格达横行。商人和知识分子对此深恶痛绝，于是从10世纪开始移居西方（开罗和科尔多瓦）。

除了从一开始就在后倭马亚王朝控制下的西班牙，早在公元821年，塔希尔王朝（821—873）就在伊朗东部独立了，萨法尔王朝（867—903）和萨曼王朝（875—999）也是如此，东部不断出现割据政权，阿拔斯王朝的领土越来越狭小。同样，在西部的埃及，出身马穆鲁克的将领建立了图伦王朝（868—905）。进入10世纪后，巴格达的霸权只局限在以伊拉克为中心的美索不达米亚地区。

公元909年，什叶派分支伊斯玛仪派在北非（突尼斯）建立了法蒂玛王朝（909—1171），自称哈里发。哈里发这一称号也不再为阿拔斯王朝所独有。继法蒂玛王朝之后，西班牙的后倭马亚王朝统治者也于公元929年宣布自称哈里发。三哈里发时代开始了。

公元930年，伊斯玛仪派的分支、巴林的卡尔马特派入侵圣地麦加，带走了克尔白神庙的圣物——黑石（建造神庙时由天使吉卜利勒递给亚伯拉罕，被认为是一块陨石）。当时的阿拔斯王朝竟然连伊斯兰的圣地都没能守住——尽管黑石于公元951年被归还。

公元946年，建立什叶派王朝白益王朝（932—1062）的三兄弟之一的穆仪兹·道莱（生卒年不详）攻入巴格达，作为"大埃米尔"掌握实权。哈里发成了有名无实的象征性存在。这是阿拔斯王朝哈里发政权的一个重大转折点。尽管终于如愿以偿占领了巴格达，但由于没有征集到足够的税收，穆仪兹·道莱首次采用了伊克塔（Iqṭā）制度（"伊克

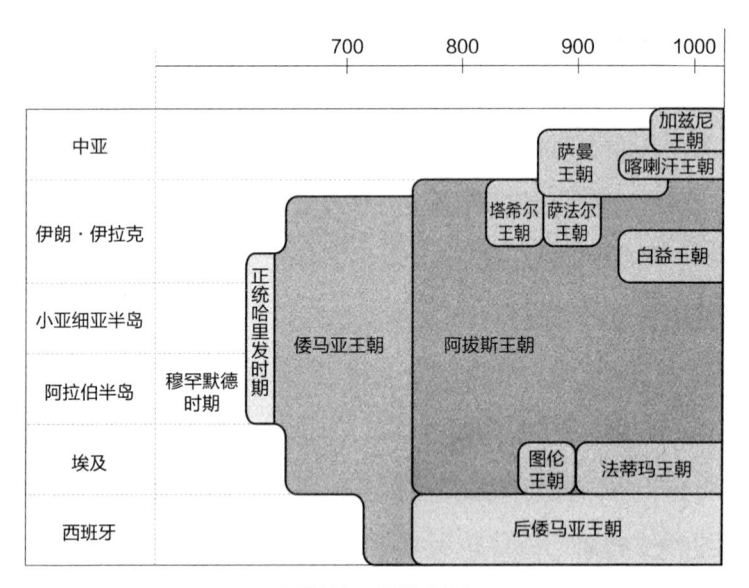

伊斯兰王朝的变迁

塔"是分予土地的意思），授予军人特定土地的征税权，来代替现金俸禄。

随着阿拔斯王朝的政治动荡，在通往印度和中国的路线中，波斯湾路线式微，红海路线和草原路线的重要性增大。

萨曼王朝诞生于马瓦拉痕那儿（在阿拉伯语中意为河的对岸，指阿姆河以北的地方），是一个对后世产生了很大影响的政权。首先，采用阿拉伯字母书写的近代波斯文就是在这个王朝统治时期完成的。这可能是被阿拉伯人征服的伊朗人的民族意识有所增强的缘故，他们最终写出了《列王纪》（又称《王书》）。

不过，与此同时，在萨曼王朝治下，基于阿拉伯语的文化活动也很繁荣。在逊尼派公认的六大圣训集的六位编者中，包括最伟大的圣训学者布哈里（810—870）在内的四名都出自萨曼王朝。在首都布哈拉，涌现出了一批大哲学家，如当时伊斯兰世界首屈一指的知识分子，对经院哲学产生巨大影响的亚里士多德研究专家伊本·西纳（阿维森纳，980—1037）。

伊本·西纳

此外，统治着中亚和伊朗东部的萨曼王朝，还从周边买入突厥系钦察人等"土库曼"[①]（Turkmān）作为奴隶，培

[①] "土库曼"的字面意思是"像突厥人"。

养成马穆鲁克，为已所用。与此同时，作为一项国家产业，他们也会出口马穆鲁克，这为马穆鲁克在伊斯兰各国的活跃打下了基础。灭了萨法尔王朝的萨曼王朝英主伊斯玛仪（892—907年在位）是今天的塔吉克斯坦尊崇的民族英雄。

【马穆鲁克与土库曼】

"马穆鲁克"是阿拉伯语，原意为男性奴隶，指奴隶出身的骑士、军人。在前伊斯兰时期，阿拉伯有权有势的人就有将奴隶和被解放的奴隶作为私人军事力量的习惯。但是，根据伊斯兰教法，只有天生的奴隶或战俘（穆斯林除外）才能被认定为奴隶，因此购买奴隶成了最快捷的途径。这种习惯在伊斯兰世界也被延续了下来，钦察人等中亚的突厥系游牧民不但擅长骑射，而且性格淳朴而忠诚，是难能可贵的雇佣兵、近卫队等的人选。买来的少年奴隶会被安排在集训营里接受文武教育，成年后摆脱奴隶身份并担任军队职务的情况屡见不鲜。他们虽说是奴隶，实际上更接近于养子。有能力的马穆鲁克也会被任命为军队指挥官，后来他们之中还出现了不少王朝的创始人。"土库曼"指的是突厥和回鹘灭亡后，沿大草原向西迁徙的突厥系游牧民中皈依伊斯兰教的那批人。

唐朝的衰落

天宝十四载（公元755年）十一月，安史之乱（安禄山及其同僚史思明发动的叛乱，史思明也被认为是突厥人）爆发，起初安禄山军取得了压倒性的胜利，仅用一个月就攻陷了陪都洛阳。次年正月，安禄山宣布建立燕国，自称大燕圣武皇帝。眼看安禄山的大军逼近长安，唐玄宗于当年六月向成都逃亡，中途在马嵬坡发生兵变，杨国忠和杨贵妃被杀，唐玄宗退位，其子继位，是为唐肃宗（756—762年在位）。

唐肃宗派遣使者前往回鹘请求援军，回鹘的第二任可汗葛勒可汗（747—759年在位）经过一番权衡，最终认为在唐朝和安史之中，前者的胜算更大，于是答应了唐朝的请求。

安禄山

公元757年正月，安禄山被儿子安庆绪（？—759）暗杀，愤怒的史思明（703—761）回到了范阳。在名将郭子仪（697—781）和契丹出身的武将李光弼（708—764）的努力下，唐朝与回鹘的联军终于在当年十一月凯旋。

公元758年，回鹘要求公主下嫁，唐室只能答应。公元759年，史思明诛杀洛阳的安庆绪，以大燕第三位皇帝自居。不料，公元761年，他也与安禄山一样，被儿子史朝义（？—763）所杀。公元762年，唐玄宗、唐肃宗相继驾崩，唐代宗（762—779年在位）即位。

史朝义抓住了这个机会，向回鹘的第三任可汗牟羽可汗（759—779年在位）提议结盟。震惊的唐朝拼命说服回鹘，终于使回鹘改变了主意，双方联手成功夺回了洛阳，最终在公元763年结束了安史之乱。在这场混乱中，吐蕃的赤松德赞（755—797年在位）于公元763年短暂占领过长安，吐蕃进入了鼎盛期。

经过长达八年的安史之乱，唐室疲惫至极，不仅在边境，在内地也开始设置节度使。节度使的割据倾向进一步增强，为首的就是河北幽州（北京）、成德（幽州以南）、魏博（黄河以北）的河朔三镇。此后，从唐朝到五代十国，中央政府与节度使（节度使所辖的府署机构整体被称为藩镇，后来与节度使成了同义词）的关系一直都是政治上的一个要点。按照战国以来的传统，节度使的府署被称为"幕府"。

话说回来，并不是所有节度使都想着要割据自立的，不要忘了，还有很多服从唐朝统治的顺地藩镇。但无论如何，以安史之乱为界，唐朝开始走向分裂，变成了一个与初唐及盛唐时期不同的王朝。掌握皇帝近卫队（神策军）的宦官获得了极大的权力。

此外，从安史之乱时期开始，为了维持国家的财政收入，政府重启了盐业专营。自汉武帝以来，这种情况还是第一次出现。盐是生活必需品，盐价的上涨让民众的生活变得愈加艰难。这也成了黄巢起义的间接原因。回鹘作为唐朝的盟友（实际上，就像匈奴和初期的西汉一样，唐朝处于弱势地位），得到了大量丝绸，过上奢侈生活的回鹘人迅速开始转向商业和定居。

吐蕃也摆脱了唐朝的控制，将西域贸易掌握在手中，迎来了鼎盛期，因此8世纪后半期可以说是回鹘和吐蕃的两强时代。云南方面，南诏与吐蕃结盟，控制了西南丝绸之路（通往缅甸、印度的道路），唐朝的疆域进一步缩小。与回鹘结盟的唐、吐蕃、南诏三国，此后便反复进行着合纵连横。

陆地贸易路线因唐朝失势而变得不稳定，于是海上贸易路线的重要性就得到了提高。

曾因连通欧亚大陆西部的陆地贸易路线（草原路线和丝绸之路）而繁荣的长安、洛阳等内陆城市，如今迎来了它们的黄昏。与后来的北京一样，长安的弱点在于养活大量人口所需的粮食无法自给自足。也许，从安史之乱导致大运河无法使用之时开始，内陆城市的时代就已经结束了。相反，通过大运河与海上贸易路线相连接的开封登上了历史舞台。陆地中国的时代在缓缓地向海洋中国的时代转变。

顺带一提，唐朝末年引起大乱的黄巢（835—884）屠杀了激烈抵抗的广州市民（公元879年），据说这其中包括伊斯兰教徒、基督教徒、犹太教徒、琐罗亚斯德教徒等在内的十二万外国人（根据同时代的阿拉伯人的记录）。这一暴行导致阿拉伯商人的三角帆船（柔性结构的缝合船）再也没有来航，而中国的戎克船填补了这一空白。

公元713年，也就是开元之治开始的那一年，唐玄宗在广州设置了市舶司（海关）。广州从8世纪中叶开始繁荣起来（设立了被称为"蕃坊"的外国人聚居区），海上贸易路线（海上丝绸之路）取代了陆地贸易路线，宣告着大量运输时代的全面开始。阿拉伯（大食）的穆斯林商人将伊斯兰教（清真教，后来称回教）带到了广州，还在广州修建了清真寺。唐朝逐渐衰落，无力控制中国全境，这对海商来说也是有利的。

当时已经到了即使不通过遣唐使那样的官方途径也可以

自由来往的程度。公元894年，日本根据菅原道真的建言，停止了遣唐使的派遣。因为海商变得可以自由往来，唐朝的文化和物品，无论多少，都可以轻易得到。

税制改革及唐朝的中兴

中国在均田制基础上建立的租庸调制在唐玄宗统治时期就已经崩坏，河朔三镇等地更是不向中央政府纳税，因此，公元780年，唐德宗（779—805年在位）在宰相杨炎（727—781）的建议下，开始施行"两税法"。这是一种按比例征收的资产税，由六月缴纳的夏税（麦）和十一月缴纳的冬税（稻、粟）组成，其本质是承认庄园和大土地所有制。此外，货币经济的渗透也是当时的背景之一。商人成立了行会，仓储业和金融业也得到了发展，名为"飞钱"的汇票也投入了使用。各地还出现了名为"草市"的集市，国家对商业的管控已经不管用了。

"两税法"原则上征收金钱，税率根据每年的必要经费（支出）变动。在此之前，年支出是根据年收入来决定的。随着"两税法"的施行，中国自古以来以人头税、力役为根本的税制发生了巨大的变革。"两税法"为宋代建立财政国家开辟了道路。

公元794年，日本迁都至新都城平安京①。王统从天武系

---

① 即现在的京都。

变成了天智系，因此有必要让民众看到新的气象。与平城京一样，平安京的面积也约为长安城的四分之一。然而当时的日本，人口约为中国的十分之一，人均国内生产总值约为中国的二分之一，国力相当于中国的二十分之一，平安京必然逃不过建设失败的命运。很快，右京①就被抛弃了。

唐朝第十一位皇帝唐宪宗（805—820年在位）于公元805年即位，是一位被誉为唐室中兴之主的英主。他任用协助杨炎推行"两税法"的杜佑（典章制度史《通典》的作者，735—812）等贤臣，强化禁军（皇帝直辖军队），并基本压制住了节度使势力，河朔三镇也被收服。这背后，是盐业专卖和"两税法"带来的国家财政状况的好转。财政的重建使唐朝迎来了复兴。

然而，出于失去长子的悲痛，唐宪宗开始沉溺于佛教及道教，晚年又服用长生不老药，性情大变，最终被宦官毒杀，此后宦官的势力进一步壮大。受困于宦官专权的官僚们，整日沉迷于被称为"牛李党争"（808—846）的派系斗争中，白白消耗了国力。

牛李党争是一场派系争斗。进士出身的牛僧孺（779—847）在808年的制举考试中对朝廷进行了批判，被宰相李吉甫（758—814）下放到了地方。以此为开端，从科举中崛

---

① 参见第161页平城京与长安城的对比图。平安京仿照隋唐时的长安和洛阳规划，也以仿长安朱雀大街的朱雀大路为中轴线，西侧区域为右京，东侧区域为左京。但在实际建设中，右京逐渐荒废，发展的重心放在了左京。

起的牛僧孺集团与李吉甫之子、名门贵族门荫派系的李德裕（787—849）集团展开了权力的争夺，最终以牛党的胜利告终。

在唐朝，科举合格后还要通过吏部的铨选才能被授予官位。因此，失去九品中正制（九品官人法）这一制度特权的贵族阶层，企图移居到有利于官场社交的长安和洛阳，这样一来，他们就失去了土地所有这一根基，渐渐只能依附于唐室。六朝以来的名门贵族与唐室成了命运共同体。

公元840年，深受天灾之苦的回鹘在称霸了近百年之后，因被吉尔吉斯人（突厥系）攻灭而瓦解。但是，吉尔吉斯取代回鹘后，无力维持蒙古高原的稳定统治。而且由于在击败回鹘的过程中耗尽了精力，吉尔吉斯没能建国。最终，在这一权力真空地带，契丹族崛起了。

回鹘的灭亡具有极大的历史意义。自突厥汗国以来，以北亚为原住地的突厥系民族，从此将活跃的舞台转移到了欧亚大陆中部地区。因此，中亚的绿洲地带被称为"突厥斯坦"（意为突厥人的土地）。本书后续将按照习惯，将开始向西方移动的突厥系、回鹘系的人们称为突厥语族。

公元842年，随着镇压佛教的朗达玛（836—

【突厥语族】

据说，在经历了突厥、回鹘时代后，迁徙到中亚的突厥人分成了几个大的群体。佩切涅格人、钦察人、乌古斯人等是进入西方的几大群体，其中，乌古斯人又分为二十二个小群体。乌古斯人中出了塞尔柱、奥斯曼、白羊、黑羊等王朝的王统。而钦察人等的子弟作为马穆鲁克被伊斯兰各国雇佣，他们之中也出了以印度和埃及的马穆鲁克王朝为代表的众多王统。草原世界压倒性的军事力量，不仅在对中国的战争中，在对西方世界的战争中也得到了充分的发挥。

842年在位）的死去，吐蕃陷入混乱，并最终土崩瓦解。这为后来建立西夏的党项人的崛起做了铺垫。回鹘、吐蕃相继灭亡，唐朝不费吹灰之力就从西边两个强大政权的压力中解放了出来，幸运地延长了生命。

和唐朝一样，蒙古和西藏也逐渐陷入了分裂。安史之乱后，欧亚大陆东部的历史朝着分化的大方向发展。直到五百年后，成吉思汗将历史的流向切回了统一的方向。此外，曾为吐蕃先锋的西突厥沙陀部，后来作为雇佣兵效力于唐朝。

唐朝的宗教大镇压和印度三王朝

公元840年即位的唐朝第十五位皇帝唐武宗（840—846年在位）崇信道教，实施了中国有史以来的第三次也是规模最大的一次废佛令（会昌毁佛）。唐朝皇室虽出身于鲜卑，但在中原，他们奉李耳（老子）为先祖，遵循道先佛后的原则，对道教加以保护。但与此同时，唐朝作为一个世界性的帝国，对所有宗教都敞开门户。

不过，随着中唐（766—835）、晚唐（836—907）国势的衰退，唐朝的包容也有了限度。当时，不仅是佛教，基督教（聂斯脱里派、景教）、琐罗亚斯德教（祆教）、摩尼教等外来宗教也统统受到镇压，在中国销声匿迹，尤其是摩尼教。作为回鹘人的宗教，摩尼教受到的打压集中体现了唐朝对来自回鹘的牵制的反击。

公元838年入唐的圆仁（慈觉大师，794—864）对此次废佛令做了详细的记录。圆仁的《入唐求法巡礼行记》与《大唐西域记》《马可波罗行纪》并称东亚三大游记，是反映当时的时代气息的珍贵文献。此次镇压没收的佛像和佛具等被熔化后铸成了货币等。与过去一样，废佛令背后的动机中总是潜藏着经济因素。会昌毁佛后，在复兴的佛教中，以民众为基础的禅宗和净土宗确立了优势地位。

圆仁

中唐时期，涌现了诗人白居易（白乐天，772—846），楷书的巅峰之一、史上首屈一指的忠臣颜真卿（709—785），著有《茶经》的茶圣陆羽（733—804），批判六朝以来华美的四六骈文、发起古文运动的韩愈（768—824）和柳宗元（773—819）。韩愈和柳宗元后来被列入唐宋八大家。我们从这里也可以看出一个规律，即在国力达到顶峰之后，文化也会迎来极盛期。

此外，在中国，被称为志怪小说的文学形式于六朝时期开始出现，到了唐代，有意识地以虚构形式创作的短篇传奇（小说）大量出现，至中唐时期达到了高潮。唐传奇对后来的日本文学也产生了很大的影响。芥川龙之介的《杜子春》和中岛敦的《山月记》就是其中的代表。

白樂天

白居易　　　　　柳宗元

　　公元750年左右，在印度东部孟加拉建立的波罗王朝（首都华氏城），在公元770年即位的达摩波罗（770—810年在位）统治时期进入强盛期，超戒寺建立，被称为波罗风格的精致优秀的佛教艺术蓬勃发展。约公元783年，在印度北部，以卡瑙杰为都城的普腊蒂哈腊王朝（约750—1018）的瓦特萨罗阇（780—800年在位）击败波罗王朝，统治了恒河中游区域。

　　普腊蒂哈腊王朝是由瞿折罗族建立的王朝，在与德干高原的罗湿陀罗拘陀王朝（首都曼尼亚凯塔）斗争的同时，一直占据着北印度，直至伊斯兰势力入侵。该王朝在波荷加一世（836—885年在位）和马罕德拉帕拉一世（885—910年在位）父子统治时期进入了鼎盛期，不仅控制了巴格达等通往西方的海上贸易据点，还将西印度的古吉拉特纳入了版图。

8世纪后半期，爪哇岛上信奉佛教的王朝夏连特拉王朝（752—832）于公元792年前后建造了佛教遗迹婆罗浮屠。公元802年，阇耶跋摩二世（在位至公元835年）再次统一了真腊，建立了吴哥王朝（802—1431）。

从唐朝的灭亡到五代十国

公元875年，发生了黄巢（835—884，盐枭）起义。在科举中多次落榜的黄巢开始贩卖私盐，响应同为盐枭的王仙芝（？—878）发动的起义，成了起义军的领袖。盐枭被认为是中国地下势力的起源，他们建立了强大的地下网络。从山东起步的黄巢军，在没有大本营的情况下，一路从广州打到了长安。

唐室和安史之乱时一样，前往成都避难。在出身突厥沙陀部的李克用（856—908）和倒戈的黄巢军将领朱温（被唐室赐名全忠，852—912）的努力下，黄巢之乱于公元884年被平定，但此时的唐朝和昔日的东周一样，在事实上已经沦为了一个只控制着首都长安近郊的政权。

日本方面，藤原氏以外戚身份独揽大权的摄关政治（政治体制）确立。公元866年，藤原良房成为首位非皇族出身的摄政。公元887年，良房的养子藤原基经首次就任关白。日本于公元894年停止了遣唐使的派遣，因此直到平清盛正式重开宋日贸易为止，日本的中央政府与中国政府之间没有任何联系。

不过，正如前文所述，通过海商进行的民间交流一直在持续扩大。晚唐时期出现了杰出的诗人李商隐（812—858）。公元905年，突厥沙陀部领袖李克用与即将成为蒙古系契丹联盟领袖的耶律阿保机（872—926）在云州（大同）会盟，并结为兄弟（年长的李克用为兄）。虽然双方没有结成军事同盟，但这是沙陀部与统治10世纪中国的契丹的历史性会面。

公元907年，以开封为据点的朱全忠灭唐，建立梁朝。在北方，耶律阿保机被推举为契丹可汗。此后直到公元960年宋朝建立为止的约五十年间，中原地区出现了由节度使发展而来的梁、唐、晋、汉、周五个王朝（分别被称为后梁、后唐、后晋、后汉、后周，以便与之前的王朝做区分），地方上的节度使也纷纷割据，相继建立了十个政权，所以这个分裂时代一般被称为五代十国。定都杭州的吴越国（907—978）向日本派遣过使节。不过，当时最强大的政权契丹、南诏等并没有被列入五代十国之中。

五代十国的计数方式相当随意，被认为受到了五行思想

耶律阿保机像

的影响。五代中的后唐、后晋、后汉三个王朝是突厥沙陀部建立的王朝。突厥人也一度统治过中国。沙陀部虽然擅战,但缺乏统治才能。宰相冯道(882—954)历仕除后梁外的四个王朝,被宋朝的司马光(1019—1086)斥为"奸臣之尤",但16世纪后半期的明朝思想家李卓吾(1527—1602)对冯道做出了很高的评价,认为他竭尽所能地维护了百姓的安宁。李卓吾的祖先是穆斯林商人,他因重视合理性和拉近圣人与平民的距离而闻名。

契丹建国和朝鲜半岛的再统一

与唐朝一样,南诏、新罗和渤海国也开始衰落。公元780年,新罗的武烈王一脉血统断绝后,王位的争夺愈演愈烈,到了真圣女王(887—897年在位)时期,农民出身的甄萱(900—935年在位)于公元892年建立了后百济,新罗王族弓裔(901—918年在位,王建为其麾下武将之一)于公元904年建立了后高句丽(摩震),朝鲜半岛再次形成三国相争的局面。这段时期被称为"后三国"。南诏于公元902年灭亡后,由段思平(937—944年在位)建立的大理(937—1253)接替。

自回鹘灭亡以来,北方草原一直处于权力真空状态,直至公元916年,耶律阿保机建立契丹国(契丹、辽)。在契丹,八个有力部族的首领(大人)轮流担任可汗并领导契丹联盟的体制延续了近六百年，但耶律阿保机接受了汉人幕僚的提议，登上了帝位。契丹实施驿站制度，笃信佛教。

公元919年，契丹开始向蒙古高原扩张，控制了草原丝绸之路，意图与西方各国进行贸易。中国的别称"契丹（Cathay）"就来源于此。公元918年，王建（918—943年在位）打败弓裔，建立了高丽。公元926年，契丹灭渤海国。公元935年，新罗被高丽所灭。

公元936年，高丽灭后百济，重新统一了朝鲜半岛。定都开城的高丽于公元958年引进了科举制度。但是，强国契丹的入侵令新兴的高丽苦不堪言。普遍认为，天神和熊的孩子檀君这个建国神话就是在这一时期被创作出来的。朝鲜民族的始祖檀君成了抵抗外敌的朝鲜民众心中的骄傲。公元962年，高丽曾向宋朝朝贡，但到了公元994年，高丽迫于压力与宋朝断交，转而向契丹朝贡。

南印度方面，朱罗王朝（约846—1279）自称桑伽姆时代的朱罗王族的后裔，在韦迦业剌雅王（850—871年在位）的时代崛起。公元893年，阿迪蒂亚·朱罗一世（871—907年在位）灭了宗主国帕拉瓦王朝（275—893）。接着，婆兰多迦·朱罗一世（907—955年在位）于公元920年左右攻陷了潘地亚王朝（590—920）的都城马杜赖，潘地亚王室逃往锡兰。

这样一来，朱罗王朝与德干高原的罗湿陀罗拘陀王朝形成了对峙局面。公元949年，双方爆发激烈冲突（塔科拉姆之战），朱罗王朝一败涂地。但是，取得胜利的罗湿陀罗拘陀王朝遭到其属国拉其普特人建立的帕拉玛拉王朝（9世纪初—1365）的进攻，于公元973年被遮娄其家族的逮罗二世（973—997年在位）所灭。就这样，以卡利安尼为首都的后遮娄其王朝迎来了复兴。此后，德干高原的后遮娄其王朝（973—1189）与朱罗王朝对峙的时代拉开了帷幕。

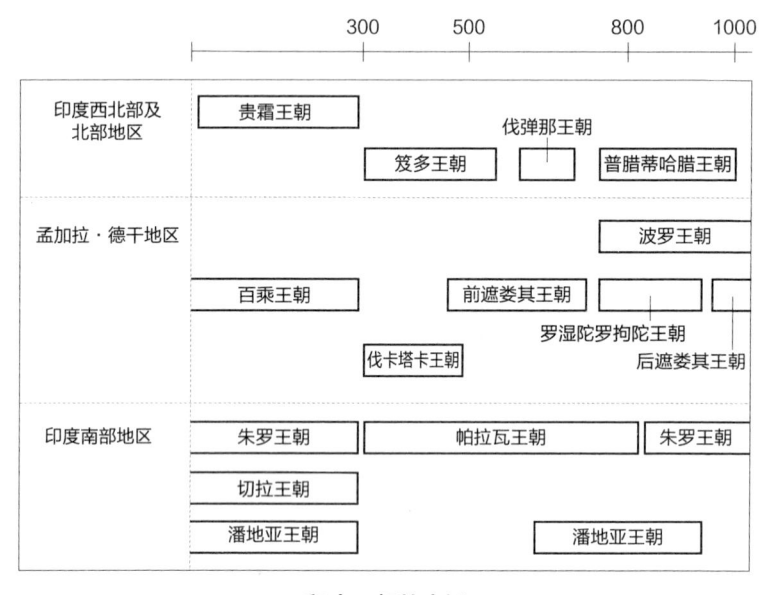

印度王朝的变迁

后周英主世宗即位

在中原地区，公元923年后梁灭亡后，朱全忠昔日的竞争对手李克用（以今山西太原为据点）的儿子李存勖

(923—926年在位）一度将都城迁回洛阳，建立了后唐。公元936年，后唐第二位皇帝明宗（李克用的养子，926—933年在位）的女婿石敬瑭（936—942年在位）在契丹的帮助下建立了后晋。作为军事援助的代价，后晋割让了北方的燕云十六州（今北京、大同等地）给契丹。

但是，由于后晋第二位皇帝的即位没有经过契丹的允许，这惹怒了契丹，导致公元946年都城开封遭到了蹂躏。据说，自秦始皇以来流传下来的传国玉玺在这场混乱中下落不明。公元937年，十国中实力最强的南唐建国，定都金陵（南京）。公元947年，后晋武将刘知远（947—948年在位）建立后汉。

公元951年，后汉重臣郭威（951—954年在位）建立了后周。后晋、后汉和后唐都是山西军阀、突厥沙陀部人建立的王朝，但郭威被认为是汉族人。不过，关于这一点是存在争论的，也有观点认为郭威出身沙陀部。公元954年，郭威的养子柴荣即位。他就是被誉为五代首屈一指的英主的世宗（954—959年在位）。

世宗强化禁军，削弱了节度使的势力。此外，他颁布了史上第四次废佛令，但不像前几次那样是受道教的教唆，而是为了加强国家的统治以及改善财政（佛教寺院积累了大量财富，且有大量逃避税金和兵役的人以僧侣的身份

后周世宗

藏匿其中）。

世宗与后来的亨利八世（英格兰国王，1509—1547年在位）有着同样的想法。他进攻南唐，迫使其割让了长江以北的土地，那里是最大的食盐产地，是南唐繁荣的基础。在英明的世宗的领导下，中国统一的势头越发高涨。收复燕云十六州中的两州后，世宗踏上了北伐之路，却壮志未酬，在军中病逝，享年三十九岁。世宗的一生，犹如北周武帝的再世。

宋朝建立

由于世宗的儿子、后周第三位皇帝恭帝（959—960年在位）年仅七岁，在禁军的推举下，深受世宗信赖的武将赵匡胤（宋太祖，960—976年在位）于公元960年建立了宋朝，定都五代以来的都城开封。在这场被称为"陈桥兵变"的政变中，最后一场禅让戏码上演。不过，以往通过禅让退位的前皇族在一段时间后就会被悉数杀害，但世宗一族（柴氏）直到宋朝灭亡都受到了优待。顺带一提，赵氏出身涿州，祖先是安禄山手下的武将。

豪放磊落的宋太祖采纳被当作"左右手"的名相赵普（922—992）的建言，在没有使用武力的情况下，说服了唐朝的顽疾——节度使，将他们推上了名誉职位（杯酒释兵权，通过酒宴收回兵权，承诺负责他们的养老生活，并令其移居首都开封），并在消除了后顾之忧后，开始着手统一中国。公元975年，南唐灭亡，中国的统一只是时间问题。顺带一提，南唐第三位君主李煜（961—975年在位）是中国著名的词（能够合乐吟唱的诗）人。

赵匡胤

公元976年，宋太祖之弟赵匡义即位（宋太宗，976—997年在位）。因为不是儿子而是弟弟继承皇位，所以这次皇位嬗替过程被称为"千载不决之疑"，给后世留下了宋太祖是否是被弟弟宋太宗所杀的疑云（如"烛影斧声"）。不过，宋太宗也有过人的资质，他于公元979年成功实现了中国的再次统一，只是对契丹所辖的燕云十六州束手无策。因为契丹的军事实力在宋之上。

宋太宗为人慎重且擅实务，为建立中央集权国家不懈努力。他无疑是足以与秦始皇、雍正帝比肩的中国三大"工作狂"皇帝之一。作为仅次于汉朝的长寿王朝，宋朝存续三百多年，其基石正是由这优秀的兄弟俩刻苦勤勉地奠定的。相关情况，在与《贞观政要》并列的领导力教科书《宋名臣言行录》中有详细记载。

宋太宗对人才选拔制度（科举）进行了改革，在地方举办的州试、礼部举办的省试的基础上增加了皇帝亲临主持的殿试，通常所说的科举制度正式确立了。这样一来，在中国，人才的任用就集中在了科举这一条上。宋以后的科举可以说与隋唐的选举完全不同。由此，自汉朝和六朝以来的名门贵族最终销声匿迹，从全国选拔优秀官员直属皇帝的文治主义、皇帝独裁制形成了。

殿试

他们满怀理想，各抒己见，引领了国政。从宋朝开始，重视父系的儒教理论渗透到了社会的基层，以往那样的外戚（母系）专权的现象已经看不到了。另外，群雄割据的时代也画上了句号。藩镇被瓦解，其兵力被禁军统合。州县的长官由文官担任，中央也彻底贯彻了文官治军制度。中央设有主管军务的枢密院，其长官当然也是文官。武人（军人）被全部排除。

在科举合格者辈出的地方，涌现了有影响力的知识分子阶层（大地主和大商人等），他们被称为士大夫。也就是说，集科举官僚、地主（商人）、文人三者于一身的阶层出现了。士大夫一直延续到明清时期。清朝的乡绅（当地有为官经验的人和科举合格者，他们被赋予各种特权，拥有很大的发言权）就是士大夫。

科举考试前的学习需要花费金钱和时间。只有极少数特权阶级能进入被称为书院的私塾（备考补习学校）就读以备考。科举每三年举行一次，每次会出三百至四百名合格者，其中的第一名被称为狀元。

此外，中国的官僚结构分两层，一层是通过科举考试的官僚（相当于career[①]），另一层是胥吏（相当于non-career）。胥吏原则上没有俸禄，他们的俸禄是在当地自行筹措的（手续费、小费、贿赂等）。不过，因为胥吏之间的竞争和市场原理发挥了作用，所以中国的官僚制度能够相对有效地运行。

话说回来，科举这样先进的人才任用制度之所以得以确立，难道只是因为宋太宗拥有比同时代的罗马皇帝奥托一

[①] 在日本，career（キャリア）指通过国家公务员Ⅰ种考试进入中央省厅的公务员，是能够晋升、出人头地的精英。而除此以外的公务员被称为non-career（ノンキャリア）。

世（962—973年在位）等更优秀的资质吗？也许的确存在这部分原因，但要推行科举制度，首先必须要有供学习的教材普及全国。当然，即便在中国，普通人也不可能购买大量书籍。

科举所需的经典书目，常备在各地官署（作为官立图书馆的庙学和书院等），考生可进行抄写。也就是说，一个国家的印刷、出版产业的水平是问题的关键。宋朝，在这样的社会基础设施方面，也是当时世界上最发达的。

木版（宽度）的限制，催生了将现在所说的A4、B5等尺寸的单面印刷纸张进行装帧的"蝴蝶装"，彻底改变了阅读，因为与卷轴不同，只要夹上书签，就可以随时查阅所需的章节。欧洲如果要实行科举制度，至少还要等五百年吧。在唐末出现的大量印刷术所带来的信息革命下，一个崭新的时代得以呈现。

这是中国历史上继纸张发明之后的又一个重大的时代转机。顺带一提，最早运用印刷技术的是净土宗等佛教教团，他们大量印刷经典用于传教。宋太宗统治时期，在国家的补助下，《大藏经》（佛教经典的全称，包括经藏、律藏、论藏等三藏及其注释的总集）被印刷发行。不管怎么说，秦始皇设计的中国，在宋太宗的统治下，被以更现代的方式重新构建了起来。

公元962年，在阿富汗的加兹尼，为萨曼王朝效力的突厥裔马穆鲁克阿尔普特勤（962—963年在位）建立了加兹尼王朝。而后，阿尔普特勤的女婿、突厥裔马穆鲁克苏布克特勤（977—997年在位）将加兹尼王朝变成了世袭王朝。

苏布克特勤统治时期，加兹尼王朝的实力已经凌驾于宗主国萨曼王朝之上。他的儿子马哈茂德（998—1030年在位）将成为一位稀世英雄。而在印度南部的朱罗王朝，另一位英雄罗阇罗阇一世（985—1016年在位）登上了王位。

东罗马帝国复兴

公元867年，东罗马帝国，出生于马其顿的亚美尼亚裔农民巴西尔一世（867—886年在位）发动政变登上帝位，开创了马其顿王朝（867—1056）。在马其顿王朝的统治下，东罗马帝国成功实现了中央集权化，再次走上了强国之路。

到了9世纪，东西教会的对立已成定局。其契机是"和子"句争议。在此之前，公会议的正式文本用的都是希腊语，写着圣灵"由圣父（神）而出"。在将其翻译为拉丁语的时候，西方教会单方面添加了一句"Filioque"，意为"和圣子（基督）"。

对此，东方教会以藐视公会议的决定为由强烈反对。这里顺带一提，将"和子"句去掉的是20世纪的教皇若望·保禄二世。公元869年，巴西尔一世在君士坦丁堡召开了第八次公会议，试图调解罗马教皇与君士坦丁堡宗主教之间日益加深的矛盾，但没有成功。此后，东西教会齐聚一堂的公会议再也没有召开过。

本书将第八次公会议以后的东部的教会称为东方教会，西部的教会称为罗马教会。公元885年，巴西尔一世派遣名将老尼基弗鲁斯·福卡斯前往意大利，重新征服了意大利南部。

【东方教会和罗马教会】

东方教会一般被称为东方正教会，罗马教会一般被称为天主（Catholic）教会。然而，无论是"正"教会还是"Catholic（普遍）"教会的说法，都含有相对于其他宗派的优越意识。举个例子，天主教会不过是拥护罗马教皇且幸存下来的基督教多数派的宗派之一。因此，本书出于对价值中立立场的重视，不使用"正教会"和"天主教会"等用语。

传说来自瑞典的维京人（在斯拉夫语中被称为"瓦良格"）首领留里克（约830—879）于公元862年建立了诺夫哥罗德公国，开启了俄罗斯的历史。同族的奥列格（？—约912）经古代连接波罗的海和黑海的贸易路线沿第聂伯河南下，于882年占领基辅，建立了基辅大公国。基辅大公国的正式国号是"罗斯（Rus）"，"俄罗斯（Russia）"这一名称就起源于此。

据说，奥列格于公元907年远征东罗马帝国，缔结了通商条约。由此，基辅大公国掌握了从君士坦丁堡经黑海、第聂伯河到波罗的海的贸易路线，抓住了发展的契机。

公元864年，保加利亚第一帝国（681—1018）在鲍里斯一世（852—889年在位）统治时期接受了基督教（东方教会）并将其国教化，而后在西蒙一世（893—927年在位）统治时期获得宗主教区地位，从君士坦丁堡的教会独立了出来。这一时期保加利亚的国土也通过征战扩张到了亚得里亚海，其国势进入鼎盛期。然而，西蒙一世死后，因战争而疲惫不堪的保加利亚帝国逐渐衰弱。10世纪中叶，在社会动荡中，神父鲍格米勒（斯拉夫语，为神所爱者之意）开始宣扬善恶二元论。

东罗马帝国将受到摩尼教影响的保罗派和由一性论者组成的雅各布派从叙利亚和亚美尼亚强制驱逐到了靠近保加利亚的边境地区。而保加利亚人还留有祖先传下来的原始宗教。在这种各类宗教汇集一堂的背景下，反权力主义的鲍格米勒派诞生，并且很快就传播到了巴尔干一带。

公元872年，古代挪威人的君主哈拉尔（872—930年左右在位）统一了挪威，开始向冰岛迁移。公元910年，法国的克吕尼建起了一座修道院，开始了以脱离世俗权力（加洛林王朝）、恢复本笃戒律等为目标的修道院改革运动。公元911年，东法兰克王国的加洛林家族绝嗣后，法兰克尼亚公爵康拉德一世（911—918在位）被推举为国王。德意志王国成立。"德意志"一词的词源是民众、大众的意思，指的是说当地语言而非拉丁语的普通民众居住的地域。

继康拉德一世之后成为德意志国王的萨克森公爵亨利一世（919—936年在位），在东部边境设置了"马克"（边区），并委任藩侯（Markgraf）进行管理。这被认为是德国人进军东方的第一阶段。公元925年，德意志吞并洛林，五大部族公国（萨克森、巴伐利亚、士瓦本、弗兰肯、洛林）形成。波希米亚普热米斯尔王朝（900—1306）的瓦茨拉夫一世（921—929年在位）摆脱了马扎尔人的统治，向亨利一世臣服，并皈依了罗马教会。

同样是在公元911年，对维京人的频繁侵略束手无策的西法兰克国王查理三世（893—922年在位）出于以毒攻毒的考虑，将入侵巴黎的必经之路——塞纳河口地区的领土割让给了来自丹麦的维京人首领罗洛（约846—933），诺曼底公国成立。

科尔多瓦的繁荣

公元912年，阿卜杜·拉赫曼三世（912—961年在位）开始了对西班牙的统治。在那个时代，犹太医生哈斯代（约915—约975）被任命为宰相受到了重用。哈斯代与黑海北部的可萨帝国（在9世纪前信奉犹太教的突厥系国家）的可汗约瑟夫之间的希伯来语书信留存了下来。当时，可萨帝国受到了新崛起的基辅大公国的压迫。

公元929年，继法蒂玛王朝之后，阿卜杜·拉赫曼三世也自立为哈里发，伊斯兰世界形成了三名哈里发鼎立的局面。阿卜杜·拉赫曼三世创办的科尔多瓦大学作为知识的最高权威，吸引了来自世界各地的文人、学者和学生。他还遵循世界帝国的传统，开设了希腊罗马古典文学的翻译学校，

麦地那-阿沙哈拉宫遗址(科尔多瓦)

并在郊外修建了花之离宫——麦地那-阿沙哈拉宫[①]。

伊斯兰世界的重心逐渐向西转移,希腊罗马文化的殿堂、智慧宫的传统经由埃及和北非(及作为旁路的西西里)传到了科尔多瓦。长期生活在巴比伦流域的犹太人也开始移居安达卢斯。

就这样,在西班牙,伊斯兰教、犹太教和基督教交织在一起,孕育出了走在世界最前沿的华丽文化。科尔多瓦被誉为"西方的珍珠""世界的珠宝""安达卢斯的新娘"。今天,在世界遗产科尔多瓦大清真寺(现为科尔多瓦圣母升天主教座堂)仍可看到其繁荣的遗痕。

---

① 麦地那-阿沙哈拉宫的名字在阿拉伯语中意为"花",可引申为盛开、繁荣、闪耀之意。

阿卜杜·拉赫曼三世的继任者哈卡姆二世（961—976年在位）是一位优秀的文人政治家，据说他搜集了五十万卷古今书籍。当时，世界上大约没有任何地方能与阿沙哈拉离宫的大图书馆相媲美。后倭马亚王朝的版图扩大到了北非，在这两代统治者治下迎来了极盛期。首都科尔多瓦的人口超过了三十万，据说一度达到过五十万。那可是巴黎、罗马等地的人口至多只有数万的年代。

科尔多瓦成为了与君士坦丁堡、开封齐名的10世纪代表性的世界城市。哈卡姆二世的继任者希沙姆二世（976—1013年在位）即位时年仅十一岁，因此哈吉布（侍从）曼苏尔（939—1002）独揽大权。曼苏尔在军事上采取激进路线，向基督教国家施压，公元997年甚至远征圣地亚哥，大肆掠夺。在曼苏尔掌权时期，倭马亚王朝的领土得到了极大的扩张。

奥托一世加冕为罗马皇帝

公元930年左右，在挪威维京人殖民的冰岛，人类历史上第一个民主议会（阿尔庭）成立了。公元936年，萨克森王朝的奥托一世（他被称为"大帝"，936—973年在位）在亚琛加冕为德意志国王，颇有继承查理曼衣钵的气势。公元962年，教皇约翰十二世（955—964年在位）在罗马为奥托一世加冕，称罗马皇帝。

随着东西法兰克王国的衰落，进入10世纪后，罗马的封建领主及他们的情妇（其中著名的有约翰十二世的祖母玛洛齐亚，她的儿子和孙子都是教皇）开始随意废立教皇。约翰十二世希望通过德意志国王来恢复秩序。然而，结果还是一样，只不过这回自由废立教皇的变成了奥托一世的家族。

从此以后，罗马帝国的皇冠代代都由德意志国王继承，15世纪以后，这个帝国开始被称为神圣罗马帝国。罗马皇帝这一头衔吸引着历代德意志国王，他们将意大利置于政策的中心位置。治理德国和意大利这两个风土和气质完全不同的国家是一件极其困难的事情，德意志国王反复入侵繁华的意大利，但国力也随之逐渐消耗。

奥托一世为儿子（奥托二世，973—983年在位）迎娶了来自君士坦丁堡的皇族狄奥凡诺（960—991）为妻，但奥托二世因疟疾而英年早逝。尽管继位的奥托三世（983年加冕为德意志国王，996—1002年为罗马皇帝）年仅三岁，但有母亲狄奥凡诺摄政辅佐，萨克森王朝的霸权丝毫没有动摇。

然而，奥托三世也因疟疾而英年早逝。狄奥凡诺与嫁给基辅大公的安娜（963—1011）是最早嫁到外国的东罗马帝国公主。

公元959年，东罗马帝国，马其顿王朝文艺复兴的推动者、优秀的文人皇帝君士坦丁七世（913—959年在位）去世。公元963年，圣地阿索斯山建起了第一座拉伏拉修道院。公元965年，基辅大公斯维亚托斯拉夫一世（945—972年在位）消灭可萨帝国。公元976年，英主巴西尔二世（976—1025年在位）即位，东罗马帝国的黄金时代到来。

在10世纪末的巴尔干地区，传教士美多德（826—885）和西里尔（827—869）兄弟俩发明的格拉哥里字母被进一步发展，源于希腊字母的西里尔字母被创造了出来。西里尔字母是俄语等斯拉夫语系语言的通用字母。

公元969年，法蒂玛王朝的将军、出生于西西里的昭海尔（？—992）征服埃及，着手营建新首都开罗，并于公元970年开始建设爱资哈尔清真寺。该清真寺附属的爱资哈尔大学是当今伊斯兰教的最高学府，且可能是世界上现存最古老的大学之一。

公元987年，西法兰克王国的加洛林王朝绝嗣，于格·卡佩成为法兰西国王（987—996年在位）。卡佩家族不仅沿用了法兰西（法兰克）这一国名，同时还不遗余力地强调他们与墨洛温王室、加洛林王室的连续性。比如，卡佩家族的第一位路易国王被称为法兰克王国的路易六世，而不是一世。

所谓的欧洲中世纪的框架可以说是由罗马和法兰西所搭建的。公元988年，基辅大公国的弗拉基米尔一世（圣公，978—1015年在位）迎娶了东罗马帝国公主安娜，皈依东方教会，并将其定为国教。

[格拉哥里字母　西里尔字母　希腊字母]

格拉哥里字母		西里尔字母	希腊字母
圆体	方体		
ⴀ	ⴀ	А	А
ⴁ	ⴁ	Б	
ⴂ	ⴂ	В	В
ⴃ	ⴃ	Г	Г
ⴄ	ⴄ	Д	Δ
ⴅ	ⴅ	Е	Е
ⴆ	ⴆ	Ж	
ⴇ	ⴇ	S, Ꙃ	[F]
ⴈ	ⴈ	З, Ꙁ	Z
Ⱂ, ⴉ	Ⱂ, ⴉ	І	I
ⴊ	ⴊ	И	H
ⴋ	ⴋ	—	
ⴌ	ⴌ	К	K
ⴍ	ⴍ	Л	Λ
ⴎ	ⴎ	М	М
ⴏ	ⴏ	N	N
ⴐ	ⴐ	О	О
ⴑ	ⴑ	П	П
ⴒ	ⴒ	Р	Р
ⴓ	ⴓ	С	С, Σ
ⴔ	ⴔ	Т	Т
ⴕ	ⴕ	оу, 8	Т

Ѳ, Ф	Ф	Ѱ	Ф
ь	ь	Х	Х
Θ	Ǫ	W	Ω
Ѵ	Ѵ	Ѱ	
Ѵ	Ѵ	Ц	
Ѵ	Ѵ	Ч	
Ш	Ш	Ш	
Ѣ	Ѣ	Ъ	
Ѳ	Т	Ь	
Ꙗ	—	Ы	
А	А	Ѣ	
—	—	ꙗ	
—	—	ѥ	
Ю	Ю	ю	
Є	—	Ѧ	
Ѥ	—	Ѫ	
Ѥ	—	Ѩ	
Ѥ	—	Ѭ	
Ѳ	Ѳ	Ѳ	Θ
—	—	Ꙃ	Ξ
—	—	Ѱ	Ψ
Ѯ	Ѯ	V	

公元1000年的世界的国内生产总值

公元1000年，世界的实际国内生产总值的分布情况大致如下：

契丹、宋占22.7%；印度各国占28.9%；东罗马帝国占7.5%；伊斯兰三帝国占16.2%；西欧整体占6.1%；日本占2.7%。

此外，公元1000年的世界大都市（按人口数量排列）有科尔多瓦（四十五万人）、开封（四十万人）和君士坦丁堡（三十万人）。顺带一提，君士坦丁堡是历史上少有的长期处于世界大都市排行榜前列的城市。

公元1000年，契丹处在第六代英主圣宗（982—1031年在位）的统治时期。以10世纪为界，亚洲内陆地区的气温开始下降，其他北方游牧民族开始侵犯契丹的北境。为了与之对抗，契丹修筑了岭北长城。此时的宋朝处在第三位皇帝宋真宗（997—1022年在位）的统治时期。尽管有北方的契丹和西方的党项（西夏）两大强敌，但开封物资充裕，国家的经济实力雄厚。

经济大国印度方面，马哈茂德开始入侵北印度，而在南印度，罗阇罗阇一世持续扩张着领土。在迎来黄金时代的东罗马帝国，巴西尔二世即将灭亡保加利亚。而开罗正处于法蒂玛王朝的鼎盛期，第六代哈里发哈基姆（996—1021年在位）的时代。

在安达卢斯（西班牙），后倭马亚王朝的哈吉布（侍从）曼苏尔正在进攻基督教国家，最大限度地扩张着领土。在巴格达的群雄割据之中，哈里发成了只有象征意义的头衔。

在衰败的罗马（几万人口），十九岁的奥托三世在帕拉提诺丘新建的宫殿里做着复兴罗马帝国的美梦。奥托三世昔日的家庭教师西尔维斯特二世（999—1003年在位）被立为教皇。他钻研安达卢斯的学问，还写了一本关于星盘（天文仪器）的书。一个学习过伊斯兰世界先进学问的人成了罗马教皇，这是在那个时代实际发生过的事件。

一些西欧的神职人员普遍相信最后的审判将在千禧年（公元1000年）举行。这与同一时期日本"末法思想"的流行有相通之处。那时，在日本，《枕草子》和《源氏物语》正在书写之中，而外戚藤原道长（966—1027）正享受着他人生的春天。